Johann F. Kazner

Leben Hans Meynhards von Schönberg Ritters

Ein Beitrag zur Geschichte der Protestantischen Union

Johann F. Kazner

Leben Hans Meynhards von Schönberg Ritters
Ein Beitrag zur Geschichte der Protestantischen Union

ISBN/EAN: 9783743469396

Hergestellt in Europa, USA, Kanada, Australien, Japan

Cover: Foto ©ninafisch / pixelio.de

Weitere Bücher finden Sie auf **www.hansebooks.com**

Leben

Hans Meynhards von Schönburg Ritters,

Königlich Groß-Brittannischen Raths, Churpfälzischen Geheimenraths, Obermarschalls und Obersten.

Ein Beytrag zur Geschichte der Protestantischen Union.

Aus
Original-Urkunden
mit
Beylagen.

Vorbericht.

Der so oft mit Condé und Turennen verglichene Deutsche Held, **Friederich von Schönburg** (Marschall von Schomberg) hat noch bis jetzt, ein paar magere Artickel in historischen Wörterbüchern, und die von seinem Kaplan geschriebene kurze Personalien *) ausgenommen, keine Biographie, wenn die Lebens-Beschreibungen der genannten grossen Männer in allen Formaten und Sprachen in den Büchersälen prangen.

Dieser Gedanke ermunterte mich, in meinen Erholungsstunden, diese Lücke zu ergänzen, und dazu die Materialien zu benutzen, welche meiner Aufsicht anvertraut sind. **)

---

*) Abregé de la vie de Frederic Duc de Schomberg p. Mr. de Lusancy (eigentlich Mathieu de Beauchasteau) à la Haye 1690. 2 1/2 Bogen in klein 12mo.

**) Das Gräflich Degenfeld-Schönburgische Familien-Archiv zu Frankfurt am Mayn.

Vorbericht.

Unter dem Nachsuchen stieß ich auf einige Bruchstücke zu einer Schilderung seines Vaters, Hans Meynhards von Schönburg, und fand, daß nur ein Sohn wie jener einen solchen Vater übertreffen könnte.

Das patriotische Publikum lese, und entscheide, ob dieser beynahe vergessene edle Pfälzer hier einen Platz verdient habe.

K.

Hans

Hans Meynhard von Schönburg kam auf die Welt zu Bacharach den 28ten August 1582. Seine Eltern waren Meynhard von Schönburg *) damaliger Kurpfälzischer Amtmann daselbst und zu Waldböckelheim, und Dorothea eine gebohrne Riedeselin zu Bellersheim.

Seinen Vater verlohr er schon im April 1596, da er das 14te Jahr noch nicht zurückgelegt hatte, er wurde hingegen von seiner Mutter, einer sehr würdigen Dame, überlebt. Daß seine Eltern an seiner Erziehung nichts hatten ermangeln lassen, beweisen die wichtigen Geschäfte, zu deren Ausführung sowohl er, als seine Brüder, gebraucht

---

*) Er war auch Hofmarschall und Fauth zu Heydelberg, und starb, nachdem er sich zur Ruhe begeben hatte, als Kurfürstl. Geheimerrath auf seinem Stammhauß Schönburg bei Oberwesel. In der Geschichte ist er vornehmlich als Feldmarschall der Truppen bekannt, welche mit Herzog Wolfgang zu Zweybrück, und nachmals unter dem Pfalzgrafen Johann Casimir den Protestanten in Frankreich zu Hülfe zogen. Er liegt in der Kirche zu Bacharach begraben, allwo ihm seine hinterlassene Wittwe ein schönes Monument errichten lassen. S. Acta Acad. Palatinæ Vol. III. Historico p. 34.

wurden. Sein Vater hinterließ auch ein für die damaligen Zeiten sehr ansehnliches Vermögen; ein Umstand, dessen hier gedacht werden mußte, weil sonst die großen Vorschüsse und Anlehne, welcher in der Folge wird erwähnt werden, kaum glaublich sind.

Die Quelle dieser Reichthümer ist weder in den väterlichen Kriegs- und Staatsbedienungen, noch in ungewöhnlicher Freygebigkeit der Großen damaliger Zeiten *) sondern blos in der Simplicität, wodurch sich die Haushaltung seiner Eltern auszeichnete, zu suchen. Man erstaunt, wenn man das Inventar über die geringe Verlassenschaft seines Großvaters, worein sich zwei Söhne theilten, mit demjenigen vergleicht, welches nach dem Tode seines Vaters errichtet wurde. An große Herrschaften, ja nicht einmal an ein Dorf von

---

*) Nur einen Beweiß davon. Meinhard, der Vater unsers Helden, wurde im Jahr 1570. von Kurfürst Friederich III. zu Pfalz mit einem Manngeld von 100. fl. belehnt. Der Kurfürst wollte zwar diese 100 fl. mit 2000 fl. ablösen, wenn solches aber nicht bei seinem Leben geschehen würde, so konnten seine Nachfolger sie nur mit 1000fl. auf einmal, oder nach und nach, mit Geld, oder mit Gütern ablösen, in welchem Fall dieses Capital von den Vasallen in liegende Güter verwandelt, und diese der Pfalz zu Mannleben aufgetragen werden sollten. Der Nachfolger, Kurfürst Ludwig, veränderte das Lehnscapital, für sich und seine Nachkommen, wieder in 2000 fl. oder

einiger Beträchtlichkeit, war bei dieser Linie nicht zu gedenken. Die liegenden Güter, und was dazu gerechnet wird, bestanden, außer dem Schloße, welches mehr zu unterhalten kostete, als eintrug, aus Weinbergen, Aeckern, Wiesen, Zehenden und unbedeutenden Manngeldern. Diese Gefälle und kleine Güterstücke waren theils Eigenthum, theils Lehen, und auch von diesen hatte die Familie manche wieder andern adelichen Vasallen zu Lehen gegeben. Allein sie besoldeten weder Räthe, noch Beamten, sie verwalteten ihre Gefälle selbst, verkauften ihre Früchte und Weine, liehen das Geld wieder auf Güter, oder Naturalien, und lebten in Kleidung und Hausgeräth, mehr als heut zu Tage bürgerlich heißt. Da im Gegentheil die Fürsten eine Menge Ritter, Gelehrte und Beamte als Die-

---

derselben Werth, und Meynhard legte dem neuen Lehenbrief einen Zettel folgenden Innhalts bei: „Dieser Lehen„brief ist auf mein Anhalten gebessert worden. Habe viele „Mühe darum gehabt, ehe ich diese Verbesserung er„langt habe. Also ist das Lehen mein Verdienst, was „ich bei der Kurfürstlichen Pfalz verdient habe von „Jugend auf, denn ich sonst, leider, wenig, oder „selten etwas verdient habe. Also müssen meine Kin„der sehen, wie sie es dereinst bei Fürsten angreifen, „daß sie nicht vergebens dienen, oder das ihrige nicht „dereinsten bey den Herrendiensten einbüßen."

ner angestellet hatten, auch ihre Höfe gleichsam offene Gastherbergen nicht nur für andere Fürsten, sondern auch für den ganzen Adel waren, welcher daselbst Futter und Mahl für sich und seine Pferde fand: so kann man es daraus erklären, warum damals die Edelleute beinahe immer, die Fürsten hingegen nie mit baaren Mitteln versehen waren.

So sah es zu Ende des 16ten Jahrhunderts, wenigstens in der Gegend des Rheinstrohms, aus. Mit dem Anfang des 17ten Jahrhunderts scheint sich die Pracht auch unter dem Adel eingeschlichen zu haben, und das Inventar Hans Meynhards ist Fürstlich gegen dem von seinem Vater. Vermuthlich hat die Verwandtschaft der Pfalz mit England zu den Riesenschritten, welche der luxus um diese Zeit machte, den Weg gebahnt.

Man verzeihe mir diese Ausschweifung. Sie war vielleicht den Beobachtern des Sittengangs unserer Nation nicht ganz unangenehm, und diente hier, um die Lücke von Hans Meynhards Geburt an, bis über den Termin seiner Volljährigkeit auszufüllen.

Da ich bis in das Jahr 1609, wo er schon 27 alt war, nichts mehr von ihm entdecken konnte *).

---

*) Von seinen Brüdern sind Nachrichten übrig geblieben, daß sie theils in Seydelberg, theils in Marpurg studier-

Von diesem Zeitpunct hingegen, bis an sein Ende, findet man ihn mitten in den Geschäften auf dem Theater der Welt.

Es ist unmöglich, von den Nebenpersonen des Spiels einen deutlichen Begriff zu bekommen, wenn man nicht derjenigen zuerst erwähnt, welche die Hauptrolle spielten, und einen kurzen Inhalt des Stücks vorausschickt. Ich finde mich daher gezwungen, etwas aus der Deutschen Geschichte hier einzuschalten, welches man zwar bei den meisten lesern, aber doch nicht bei allen, als bekannt annehmen kann, nämlich den Jülchischen Erbfolgestreit.

Johann Wilhelm, der letzte Herzog von Jülch, Cleve und Bergen, Graf von der Mark, von Ravenstein und Ravensberg, welcher den 28sten des Monats May 1562 gebohren war, starb den 1⁵ten März 1609, ohne eheliche Leibeserben nachzulassen. Er hatte seiner über 11 Jahre geführten Würde eines Bischofs zu Münster entsagt, um Jacobeen, eine Toch-

___

ten. Nur von ihm wußte ich noch nicht ausfindig zu machen, wo, und durch welchen Lehrer er den Grund zu den mathematischen Studien gelegt habe, worinn er es nachher zu einer für die damalige Zeiten so ausgezeichneten Vollkommenheit brachte.

ter Philiberts, Marggrafens zu Baden, zu heurathen, die er, nach einem über 11 Jahre geführten unfruchtbaren Ehestand, in den Verdacht der Galanterie zog, und erdrosseln ließ.

Er vermählte sich im Jahr 1599 zum andernmal mit Antonia, einer Tochter Carls III. Herzogs von Lothringen, welche jedoch eben so wenig fruchtbar war. Zuletzt wurde er rasend, und starb in diesem Zustand. So sonderbar seine Lebensgeschichte gewesen, so hatte dieser Fürst auch nach seinem Tode noch das außerordentliche Schicksal, daß der Krieg, welcher über seine Erbschaft entstand, seinen nächsten Anverwandten nicht einmal Zeit ließ, ihm ein Leichenbegängniß zu halten. Erst 19 Jahre nachher wurde sein Leichnam durch Veranstaltung seines Schwestersohns, Wolfgang Wilhelms, Pfalzgrafens von Neuburg beigesetzt. Sollte sein Geist eben so lange hiernieden haben verweilen müssen, so war es Buße genug für ihn, alles Unheil mit anzusehen, welches die Begierde nach seinen Ländern stiftete.

Er hatte 4 Schwestern gehabt. Die älteste Maria Eleonore, war an Albert Friederich, Marggrafen zu Brandenburg und Herzog in Preußen, unter der ausdrücklichen Bedingung vermählt, daß ihr, als der ältesten Schwester, alle Länder ihres Bruders anfallen sollten, wenn dieser ohne Leibeserben sterben würde. Sie war aber ein Jahr vor ihrem Bruder von dem Schauplatz abgetretten, und hinterließ eine Tochter, welche an den Kurfürsten *Johann Sigismund von Brandenburg* vermählt wurde.

Die zweite Schwester, *Anna*, war verheurathet an *Philipp Ludwig*, Pfalzgrafen von *Neuburg*, und da sie den Tod ihres Bruders, und ihrer ältern Schwester erlebt hatte, so nahm sie die ganze brüderliche Erbschaft, als die nunmehrige älteste Schwester, in Anspruch.

Die dritte Schwester des Herzogs, *Magdalena*, hatte zum Gemahl den Pfalzgrafen *Johann von Zweibrück*, und da sie zu dieser Zeit ebenfalls noch lebte, so behauptete sie, mit ihrer Schwester *Anna*, und der nachher zu meldenden 4ten Schwester, *Sibylla*, zu gleichen Theilen zu erben.

Der Grund dieses Anspruchs war, weil ihre geleistete Renunciation auf die Erbschaft nur zu Gunst ihrer ältesten Schwester *Maria Eleonore*, welche aber den Fall nicht erlebt hätte, und nicht zu Gunst ihrer zweiten Schwester *Anna*, und noch weniger zum Vortheil der um einen Grad entferntern Schwestertochter, der Kurfürstin zu Brandenburg, geschehen wäre.

Die vierte Schwester, *Sibylla*, stand in zweiter Ehe mit *Carl*, Erzherzog von *Oesterreich*, und Marggrafen zu Burgau. Da diese nicht weniger sich noch am Leben befand, so verlangte auch sie den dritten Theil von ihres Bruders Verlassenschaft. Sie gründete sich insonderheit auf gewisse Privilegien Kaisers Carl V. wodurch schon ihrem Vatter versichert worden, daß seine Länder, nach Abgang des männlichen Stamms, ungeachtet ihrer Eigenschaft als Reichs-Mann-Lehen, auf die Töchter fallen sollten.

An diesen vier Prätendenten war es noch nicht genug. Johann Friederich I. oder Großmüthige, Kurfürst zu Sachsen, hatte Sibylla, die Tante, oder Vatersschwester des verstorbenen letzten Herzogs zu Jülch im Jahr 1527 geheurathet, mit dem in den Vermählungspacten ausdrücklichen Beding, daß, wenn dieser Sibylla Bruder, Wilhelm, ohne männliche Erben mit Tod abgienge, seine Staaten an das Haus Sachsen fallen sollten. Diesem Hause hatten in Gefolge einer vorhandenen ältern Anwartschaft von 1483 (die aber bei einem im Jahr 1511 erschienenen Fall nicht zum Vollzug gekommen war) die Kaiser Friederich III. und Maximilian I. bereits Eventualbelehnungen angedeihen lassen. Auch Sachsen war also ein Prätendent dieser Länder, nämlich Kur-Sachsen aus erstgedachter Kaiserlichen Anwartschaft, und das Hauß Sachsen

Ernestinischer Linie aus eben derselben, und den Heurathspacten von 1527, weil nunmehr der Mannsstamm von Jülch und Cleve ausgestorben war *). Biß man allen diesen Prätensionen würde auf den Grund sehen können, beschloß Kaiser Rudolf, diese Länder zu sequestriren, und ihre Administration seinem Vetter, dem Erzherzog Leopold von Oesterreich, damaligen Bischof von Straßburg, aufzutragen. Dieser überfiel auch die Stadt und Festung Jülch unvermuthet, und belegte Namens des Reichs, dieselbe mit einer

---

*) Gerard van *Loon*, in seiner Histoire metallique des XVII. Provinces des Pays-bas, drückt sich hierüber nicht schicklich aus, wenn er (Tom. II. p. 64.) sagt: Cette conduite imprevue fit beaucoup de peine à la maison de Saxe. Jean Frederic I. Duc de Saxe, en épousant Sibylle, fille ainée de Jean Duc de Juliers, avoit stipulé par le contrât de mariage, qu'en cas, que Guillaume, frere unique de cette Princesse, vint à déceder sans enfans, ses Etats seroient censés devolus à elle ou à sa posterité. *En vertu de cette convention* les Empereurs Frederic III. & Maximilien I. avoient déja donné provisionellement aux Ducs de Saxe l'Investiture de ces pays. „Beide Kaiser Friederich III. und Maximilian I. waren gestorben, ehe diese Convention errichtet wurde. Ihre Eventual-Belehnungen konnten folglich nicht en vertu de cette convention geschehen seyn. Dergleichen Schreibfehler nennen die Deutschen Geschichtschreiber einen Anachronismus.

guten Besatzung, unter den Befehlen Johanns von Rauschenberg.

Die ungebethene Dazwischenkunft dieser dritten Person war den Interessenten äußerst bedenklich. Brandenburg und Neuburg faßten daher, unter Vermittlung des Landgrafen Moritz von Hessen, zu Dortmund den letzten May besagten Jahrs 1609 schnell den Entschluß, vorbehältlich ihrer gegeneinander noch auszuführenden Rechte, selbst auch Pfalzzweybrücken, und dem Marggrafen zu Burgau unverfänglich, von der Erbschaft gemeinschaftlichen Besitz zu nehmen, und das Land, mit Einwilligung der Stände, in Gemeinschaft zu regieren.

Sie nennten sich die possidirende Fürsten. Die vereinigten Niederländer, die Krone Frankreich, und die Deutschen Protestanten begünstigten diesen Schritt. Die eifrigen Bemühungen des Kaisers, des Königs von Spanien, des Herzogs in Bayern, und anderer catholischen Fürsten, diese Länder nicht in protestantische Hände kommen zu lassen, bewog die Stände dieser Religion, unter Beiwirkung Frankreichs, zu einer engeren Vereinigung. Im Jahr 1610 kam solche zu Halle in Schwaben, unter dem Namen der Union, zu Stande. Die catholischen Stände setzten derselben bald darauf zu Würzburg die so genannte Liga entgegen. Diese zweierlei Verbindungen aber, und die Jülich-Clevische Successionshändel waren das Vorspiel des nachmals erfolgten dreißigjährigen Krieges.

Nun kehren wir zu unserm Hans Meynhard von Schönburg zurück.

Daß solcher schon im Jahr 1609 in Pfälzischen, und zwar in Kurfürstlichen, Diensten gewesen, erhellet aus einem Paßport vom 16ten Febr. welchen er mitbekam, da ihn Kurfürst Friederich IV. mit einem Brief seinem Gesandten nach Oesterreich nachschickte. Der Karakter, in welchem er stand, ist darinn nicht ausgedrückt. Auch von seinen damaligen Verrichtungen geben die mangelhaften Papiere, die uns von ihm übrig sind, keine Auskunft. Daß aber Schönburg bereits bei dieser Gelegenheit, wo er bis nach Ungarn gekommen, sich Materialien zu künftigem Gebrauch in gesandschaftlichen Versendungen gesammelt habe, zeigen seine späteren Relationen.

Der Tod des Herzogs von Jülich, und dessen Folgen in eben diesem Jahr, machten den possibirenden Fürsten einen zu Negociationen brauchbaren Mann nothwendig. Er gieng als ihr Gesandter nach dem Haag, und erwieß ihnen daselbst solche nützliche Dienste, ertheilte ihnen auch so wohlmeynende Erinnerungen, daß sie sich nicht gnädig genug bedanken konnten.

Als der Französische Gesandte, Bongarsius, zu Düsseldorf angelangt war, beriefen ihn Marggraf Ernst zu Brandenburg und vorgedachter Pfalzgraf Wolfgang Wilhelm den $\frac{24. \text{ Novembr.}}{4. \text{ Decembr.}}$ aus dem Haag eben dahin, weil sie seiner Person hochbedürftig wären. Sie trugen ihm in diesem Zurückberufungsschreiben auf, daran zu seyn, daß die Englische und Holländische Gesandten auch bald eintreffen möchten, und empfahlen sich aufs angelegentlichste der Fortsetzung seiner treuen Affection.

Johann Graf zu Nassau, lag um diese Zeit zu Düsseldorf. Da nicht nur der Coadjutor zu Cölln sich wieder die Schanzen auflehnte, welche jener Bonn gegen über anlegen lassen wollte, sondern im Gegentheil anfangen ließ, Deutz zu befestigen; da der Graf von Nassau ferner Nachricht erhielt, daß die Besatzung in Kaiserswerth verstärkt werden sollte; daß der Erzherzog Leopold sich die Jülchische Lande von dem Kaiser ausgebethen, und von Bayern einen Vorschuß von 70 M. fl. erhalten habe, auch noch eines weitern Vorschusses gewärtig sey, so daß nichts anders zu vermuthen wäre, als daß Oesterreich und Bayern diese Erbschaft unter sich theilen wollten, so machte er den Fürsten davon den 5ten Decembr. die schriftliche Anzeige, um diesem drohenden Ungewitter zuvor zu kommen. Er drang insonderheit darauf, daß man doch durch unsern Schönburg, welcher bereits, was gegen eine zu besorgende Belagerung vonnöthen sey, zu Papier gebracht habe, eiligst suchen möchte, in den Niederlanden Stücke ꝛc. zu bekommen, weil es ein großer Vortheil im Krieg wäre, Zeit gewonnen, und sich gerüstet zu haben.

Dieser Bericht enthält unter andern den trockenen soldatischen Ausdruck, daß es mit der Kaiserl. Commission und Communication, womit die Landstände vertröstet wurden, nur lauter Betrug sey.

Graf Johann schrieb wegen dieser nöthigen Vorsichten auf eine dringende Weise an unsern Schönburg selbst den 7ten Decembr. und machte ihm darinn das schöne Compliment: „Ob mir wohl Eure Sorgfalt und Fleiß genugsam bekannt, so halte ich doch dafür, Ihr werdet zum unbesten nicht bemerken, daß ich abermal daran erinnere„ ꝛc.

Indessen scheint Hans Meynhard noch immer als Freywilliger hierbei gedient zu haben, da die Aufschrift des Grafen nur an den Vesten, unsern besonders lieben und guten Gönner N. N. von Schönberg lautet, und auch auf den Schreiben der possidirenden Fürsten an ihn keines Titels erwähnt wird *).

Eben so vertraulich war um diese Zeit der Briefwechsel Ernst Casimirs, Grafens von Nassau, Feldmarschalls der vereinigten Niederlanden, mit unserm Schönburg, der dieses Grafen Holländisches Regiment commandirte, welches den possidirenden Fürsten in Sold war gegeben worden.

Dieser kluge General hielt dafür, daß Jülich genugsam belagert wäre, wenn die possidirende Fürsten nur in allen um die Festung liegenden Orten Besatzungen hätten, weil die Leopoldische Detaschementer, die er zur Bedeckung der für die Festung nöthigen Lebensmittel ausschicken mußte, auf diese Weise eines nach dem andern leicht geschlagen werden könnten. Uebrigens wünschte er hauptsächlich, daß das Hauß Sachsen befriediget

---

*) Weil die Werbsachen unserer Zeiten für die Geschichte von einem höchst-unbedeutenden Belang sind, so hätte ein ehmaliger Registrator leicht veranlassen können, daß diese schönen Briefe auf einmal cassirt, oder in das Makulatur geworfen worden wären, indem er sie blos, Werbungs-Sachen, überschrieb. Ich bemerke dieses als eine Probe, daß es besser sey, alten Papieren gar keine, als eine ungeschickte Aufschrift zu geben: wodurch wahrscheinlicher Weise schon manche wichtige Nachrichten zu tod registrirt worden.

werden möchte, um dadurch den Kaiser den Vorwand zu benehmen, sich in diese Erbstreitigkeit, als Richter, zu mengen. Den weitern Inhalt dieser Correspondenz, welcher die damalige Niederländische und Französische Affairen anbetrift, übergehe ich, als nicht hieher gehörig, mit Stillschweigen. Schönburg meldete ihm dagegen die Jülchische Neuigkeiten, deren Mittheilung Ernst Casimir mit dem höflichsten Dank erkannte. *)

In dem darauf folgenden Jahr nahmen die Unterhandlungen der protestantischen Fürsten zu Hall in Schwaben ihren Anfang, und eben daselbst wurde beschlossen, unsern Schönburg als Brandenburgischen Gesandten an die Generalstaaten abzuordnen.

In seiner den 24ten Jänner 1610 von Kurfürst Sigismund von Brandenburg zu Schwäbisch-Hall unterzeichneten Instruction

---

*) Nur zum Beispiel eine Stelle, weil sie die Achtung beweißt, in welcher Schönburg bei Personen dieser Art stand, aus einem Brief vom 17/27 Decembr. 1609. J'ai reçu la votre du 19/9 de ce mois, & entendu par icelle toutes les particularités & l'Etat, en quoi se trouvent présentement Mfrs les Princes, de quoi je vous baise bien-humblement les mains & vous prie y vouloir continuer, vous assurant de vous rendre la pareille &c.

heißt er jetzt Guberneur von Düsseldorf und Obrister.

Der Auftrag dieser Absendung bestand hauptsächlich darinn, den Staaten den Beitritt dieses Kurfürsten und des Landgraf Moritzens von Hessen zur Union zu eröfnen, und von ihnen die erforderliche Artillerie, nebst der Zugehörung, wie auch 2322 Centner Stückkugeln, 2000 Centner des besten Pulvers, und 1000 Centner guter Lunten zu entlehnen, wofür der Kurfürst den Ersatz an Materialien zusichern ließ.

Den 5ten Febr. bekam Schönburg von den unirten Fürsten die Vollmacht, ein neues Regiment von 10 Fähnlein für die Union zu errichten, und von nun an hieß er also auch der unirten, oder interessirten Kur- und Fürsten bestellter Obrister.

In dieser Eigenschaft wurde ihm nicht weniger aufgetragen, um Ueberlassung noch eines Regiments Fußvolk bei den Generalstaaten zu werben.

Fürst Christian von Anhalt übernahm bekanntermasen das General-Commando über die Armee der Union, und im Sommer des nämlichen Jahrs wurde von den unirten Ständen mit König Jacob von England ein so genannter Correspondenz-Tractat geschlossen. England sollte
Kraft

Kraft dessen den Fürsten mit 4000 die Fürsten aber England mit 2000 Mann, oder an deren Stelle mit so viel Geld, als zu ihrer Aufrichtung und Unterhaltung nöthig wäre, zu Hülfe kommen, wenn einer oder der andere Theil feindlich angegriffen würde. Die Würtenbergische Gesandten, durch welche dieser Tractat geschlossen wurde, waren Hippolytus von Roll und Benjamin von Bouwinghausen, von Pfalz und Brandenburg aber allein unser Schönburg.

Daß dieser dabey das Detail der militärischen Erfordernisse hauptsächlich zu bestimmen hatte, beweisen die von diesen Unterhandlungen in dem Familien-Archive noch vorhandene Aktenstücke. *)

Bis hieher fanden wir unsern Schönburg nur in den Cabinetten; allein eben dieses Jahr, worinn er schon so viel gethan hatte, both ihm auch noch Gelegenheit dar, sich im Felde zu zeigen.

---

*) Daß unsere Deutsche Sprache damals in der Kriegsterminologie nicht so arm war, als man heut zu Tag glauben möchte, weil wir es nun gewohnt sind, uns meistens Französischer mit dem Deutschen Burgerrecht beschenkter Worte, darinn zu bedienen, davon mögen das Nothmagazin und die geschwohrnen Sudler zum Beispiel dienen, womit in diesen Acten das Dépôt, und die Vivandiers, oder Marquedenter, ausgedruckt wurden. So fand ich auch an einem andern Ort die Brèche durch Sturmlücke gegeben.

Die Kaiserliche Besatzung in Jülich machte dem umliegenden Lande so viel Beschwerlichkeiten, daß eine förmliche Belagerung und Eroberung dieser Festung für unumgänglich erachtet wurde. Schönburg hatte hierzu nicht nur die vorhin bemerkte Requisiten, sondern noch ein mehreres, von den Holländern erhalten, und die possidirende Fürsten vertrauten ihm, neben oben gemeldeten Kriegs-Chargen, auch das Kommando über die Artillerie. In dieser Eigenschaft legte er die glänzendsten Proben ab, wie weit er es in diesem wichtigen, damals noch seltenen, Theil der Kriegskunst, und der mit demselben verbundenen Wissenschaft, welcher zu unserer Zeit der Name, Genie, vorzüglich beigelegt wird, gebracht habe.

Während daß dieser in den besten Stand gesetzten Festung mit einem außerordentlichen Feuer zugesetzt wurde, dirigirte Schönburg die Approschen mit einer solchen Geschicklichkeit, daß der tapfere Kommandant, nach einer vierwöchigen verzweifelten Vertheidigung, da die Canonen schon an dem Graben standen, zu kapituliren genöthiget wurde.

Prinz Moritz von Oranien trug zwar, als der kommandirende General, in der Geschichte den Ruhm dieser Eroberung, deren Andenken man zum Beweis ihrer Wichtigkeit durch eine Medaille verewigte *), davon. Aber auch Schönburgs Name wurde durch diese Aktion der Vergessenheit entrissen.

Ihm gehörten, nach altem Kriegsgebrauch, alle gesprungene Canonen, die verschossene und wiedergesammelte Kugeln, das aufgeschlagene Pulver, Feuerwerk und dergleichen: und die possedirende Fürsten beschlossen noch überdieß, ihm ihren Dank für seine dabei bewiesene Tapferkeit durch ein Geschenk von 2000 brabanter Gulden für ihn, und 1000 fl. für die Arkeley-Personen, deren Austheilung seiner Discretion überlassen wurde, zu erzeigen.

Schönburg, ein Mann, welchem Ehre mehr als Geld war, erwählte statt allem, was ihm gebührte, und dieses ihm bestimmten Geschenks, eine in Jülch gelegene zerbrochene halbe Karthaune, um sich (nach seinem eigenen Ausdruck) zu besserem ewigen unterthänigen Gedächtniß, daraus

---

*) S. Lochners Sammlung merkwürdiger Medaillen (IItes Jahr S. 17.) Auf der Hauptseite sieht man die Festung selbst, nebst dem Lager, den Laufgräben ꝛc. und der Umschrift: Nihil inexpugnabile. Auf dem Revers steht in 9 Linien: Ipsis Calendis Sept. MDCX. suis & subsidiariis armis Juliacum, ejusque propugnaculum munitissimum Principibus asseritur Possidentibus.

2 Stückchen gießen zu laſſen. Um aber auch ſeines Orts das gute Verhalten der unter ſeinem Kommando geſtandenen Offiziere zu belohnen, ließ er eine beſondere ſilberne Medaille von der Größe eines Conventionsthalers prägen, welche er unter die letztern austheilte.

Auf der Hauptſeite dieſer Denkmünze ſieht man die belagerte Stadt und Feſtung Jülich im Grundriſſe, mit den dafür angelegten Laufgräben, ohne einige Umſchrift. Auf dem Revers aber ließt man in 17 Zeilen: „Anno 1610 den 30. Julii iſt die Veſtung Gulich belagert und den 2ten Sept. erobert worden. Zur Gedæchtnis hab ich M. von Schonburgh, Obriſter über die Artillerie Fortification und ein Regiment Fuſsvolk, aus einer Verehrung, ſo die poſſedirende Fürſten mir damahls zur Recompens gethan, dieſer Pfenningen etliche machen laſſen, und meinen unterhabenden Officieren, zur Zeugnis ihres ehrlichen Verhaltens ausgetheilet.„ *).

---

*) Der ſchon vorhin in einer Anmerkung genannte Gerhard von Loon erwähnt dieſer Anecdote, und liefert die Medaille in Kupferſtich.
(Hiſtoire metallique des XVII. Provinces T. II. p. 72).
Die Umſtände davon aber hat der Verfaſſer dieſer Biographie aus Schombergiſchen Papieren berichtigt. Der

Vielleicht ist es einigen lesern nicht unangenehm, etwas von den Besoldungen, oder Gagen, der damaligen Zeiten hier zu finden. Diese fallen dem ersten Anblick nach, gegen die heutigen genommen, sehr ansehnlich in die Augen.

Unser Schönburg hatte, als Gouverneur von Düsseldorf, welche Charge er den 1ten Oct. 1609 übernahm, monatlich 350 Reichsthaler, oder (den Brabanter Gulden zu 9 damaligen Batzen, den Reichsthaler zu 21 Batzen, den Königsthaler, oder Philippen zu 23 Batzen, eine Ducate aber zu 34 Batzen Frankfurter Währung, nach einer bei eben diesen Papieren gefundenen gleichzeitigen Vergleichung, gerechnet) ungefähr 1080 fl. nach dem vier und zwanzig Gulden-Fuß. Als Obrister

---

Prägstock, und die zwey metallene Stücke, deren jedes 12 Pf. Eißen schoß, und mit Schönburgs Wappen geziert war, wurden noch in dem Inventar über seine Verlassenschaft zu Heydelberg, gefunden, letztere nach seinem Tode auf das Stammschloß der Familie abgeführt, und bei dessen Zerstörung durch die Franzosen geraubt.

Ludwig (in Germ. Princ. in dem Buch vom Pfälzischen Hause L. V. C. 556.) und de la Neuville (histoire de la Hollande T. 1. p. 31.) gedenken zwar auch eines Schönbergs, welcher sich in dem belagerten Jülch befunden habe. Dieser war aber einer von unsers Hans Meynhards Katholischen Pettern, welche mit gleichem Ruhm und Eifer in Kayserlichen Diensten standen.

über die Artillerie aber sollte er monatlich 2000 fl. Batzen, oder nach vorerwähntem Fuß ungefähr heutige 4410 fl. bekommen.

Von letzterem Gehalt hingegen mußte Schönburg, wie wir in der Folge hören werden, das ganze Artillerie-Personale stellen und besolden, auch von jenem einen Vice-Gouverneur zu Düsseldorf, nebst dessen Pferden und Gesind unterhalten.

Dieses war jedoch bei weitem noch nicht der schlimmste Umstand.

Die possidirende Fürsten waren schon zu Anfang dieser Belagerung, als Prinz Moritz von Oranien vor der Festung anlangte, in dem äußersten Geldmangel, folglich jene Besoldungen nur auf dem Papier.

Hier kam also nicht nur unserm Schönburg, sondern seinen gnädigsten Herrn selbst, sein eigenes Vermögen wohl zu statten, und eine von Markgraf Ernst zu Brandenburg und Pfalzgraf Wolfgang Wilhelm im Feldlager vor Jülch den $\frac{4}{7}$ten Septembr. eigenhändig unterschriebene Abrechnung zeigt, daß sie ihrem Diener bereits damals an rückständiger Gage, und baaren Auslagen 27,370 fl. Brabantisch, d. i. nach obiger Vergleichung, etwa 36,225 fl. unseres Geldes, schuldig verblieben.

Er hatte alſo die Feſtung nicht nur mit ſeinem Muth, ſondern auch mit ſeinem Geld erobern helfen. Um ſolche nicht weniger zu erhalten, oder ihre ruinirten Werke wieder herzuſtellen, wurde von den poſſibirenden Fürſten an ihn geſonnen, vollends bis auf die Summa von 40000 Brabanter, oder gegen 53000 heutiger Gulden vorzuſchießen.

Schönburg ließ ſich auch hierzu willig finden, worüber er eine von Marggrafen Ernſt zu Brandenburg und Pfalzgrafen Wolfgang Wilhelm, als Bevollmächtigten der Frau Kurfürſtin zu Brandenburg (Johann Sigismunds Gemahlinn) und der Frau Pfalzgräfin Anna, unterſchriebene, und beſiegelte verbindliche Obligation, und zuerſt Silbergeſchirr, bald darauf aber, anſtatt deſſelben Kleinodien in Verſatz bekam, welche auf 18845 Rthlr. 15 Batzen angeſchlagen waren.

Auf gleiche Weiſe wurde Schönburg im Anfang des Jahrs 1611 von Kurfürſt Johann Sigismund den 20ten Febr. zu Zoſſen ein koſtbares Halsband zu treuen Handen anvertraut, um ſolches auf den Nothfall zu Beſtellung der Artillerie, und ſonſt zu Abwendung des Kurfürſten Schadens, Schimpfs und Nachtheils, zu gebrauchen, und beſtmöglichſt zu verpfänden.

Liebhabern alter Schatzkammern zu Gefallen, auch um den damaligen Werth des Goldes und der Juwelen zu zeigen, soll die Beschreibung dieser schönen Kleinodien unter den Beilagen erscheinen.*)

Hans Meynhards erstes bei der Belagerung Jülich im Dienst der possidirenden Fürsten rühmlich geführtes Artillerie-Commando hatte nämlich, nach damaliger Kriegssitte, wieder aufgehört. Da jedoch der Kurfürst von Brandenburg einsah, daß der längere Bestand einer Artillerie zur Vertheidigung seiner Lande eben so nothwendig, als zu deren Eroberung sey, so bestellte derselbe für sich allein unsern Schönburg den 22ten erstgedachten Monats aufs neue zum Obristen über seine eigene Artillerie in den Niederlanden. Diese Anstalt sollte wenigstens noch auf ein Jahr lang gemacht werden, und war mit einer monatlichen Bestallung von 2200 fl. Batzen (oder ungefähr 4850 fl. unsers leichten Geldes) verknüpft. Von dieser Summa waren aber anzustellen und zu unterhalten: ein Lieutenant über die Artillerie, ein Commissär über 3 Magazine, nebst 3 Subalternen und 6 Conducteurs, ein Capitain über die Constabler und Batteriemeister, nebst 10 der besten Constabler, ein Capitain über die Zugpferde, mit einem Conducteur,

---

*) Num. 1. und 2.

ein Capitain über die Wagen, einer über die Matrosen, einer über die Pionniers, ein guter Petardier, ein Minier-Capitain, ein Feuerwerker, ein Laveten-Rad- und Zimmermeister, ein Schanzkorbmacher, und ein Ingenieur mit 4 der besten Werkmeister, nebst noch 100 Soldaten mit ihren Officieren. Wesel war zum Aufenthalt dieser von der **Pfalzgräflichen** separirten Artillerie bestimmt.

Das ganze Bestallungspatent unseres **Schönburgs** lautet sehr ehrenvoll. Insonderheit bemerke ich daraus folgende Stelle: „Und weil wir bei diesem allem und ganzer Behandlung seine getreue Affection, und rühmliche Intention zu Unserm Nutzen und Besten verspühren und vermerken: so wollen wir uns gegen Ihm also hingegen erweisen, damit er zuvordrist, dann auch andere ehrliche und gute Officier und Diener, die Er behandeln wird, ob dieser ihrer getreuen und gutwilligen Bezeugung, zum wenigsten keinen Nachtheil oder Schaden sich sollen zu befahren, sondern vielmehr unsern gnädigsten und geneigten Willen im Werk jederzeit zu verspühren haben.„ Aus einer eigenhändigen Nota des Obristen war zu ersehen, daß er nicht nur diesen beschwehrlichen Auftrag pünktlich erfüllte, sondern über dieses schon auf 140 Köpfe sich belaufende Corps, noch 6 bis

7 Personen mehr aufgestellt, auch den Obrist-lieutenant Pithan, einen in diesem Fach belobten Offizier, zum Beytritt gewonnen, und demselben sein halbes Traktament überlassen habe.

Schönburg hatte auch einen Lieutenant von solcher Erfahrung nöthig, da ihm kurz darauf eine andere Laufbahn von Geschäften angewiesen wurde. Ehe ich ihn aber solche betretten lasse, muß ich abermal, der Deutlichkeit wegen, etwas aus der Geschichte unsers Vaterlandes vorausschicken.

Kaiser Rudolph war mit seinem Bruder, dem König Mathias, der ihm bereits Ungarn und Oesterreich abgedrungen hatte, gar nicht zufrieden, und die mit eben demselben gleich unzufriedene Spanische Parthie trachtete dahin, demselben wenigstens die Krone Böhmen und das Kaiserthum aus den Händen zu spielen. Zu diesem Ende rückte Erzherzog Leopold, ihr Neffe (ein Prinz, dessen Lebenslauf einem Ritter-Romanen ähnlich sehen würde) mit einem, unter dem Vorwand einer Jülchischen Expedition in dem Passauischen zusammengezogenen Haufen Kriegsvolks, in das Land ob der Ens, nachher aber in Böhmen. Er hatte schon die kleine Seite von Prag überrumpelt, wurde jedoch von der Alt- und Neustadt noch zurückgehalten.

Da dieser Ueberfall die Unterdrückung der Böhmischen Stände in Religions- und weltlichen Sachen mit zum Zweck zu haben schien, und sich zugleich das Gerücht verbreitete, als ob diese Leopoldische Völker, wenn alles in Böhmen berichtiget wäre, in das Brandenburgische geführt werden sollten, so konnte solcher weder von den unirten protestantischen Ständen, noch am allerwenigsten von dem Kurfürsten von Brandenburg mit gleichgültigen Augen angesehen werden. Letzterer beschloß also eine Gesandschaft an den von den Böhmischen Ständen zu Hülfe gerufenen König Mathias abzuordnen, um zu erfahren, wo die Sache hinauswollte: weil dieser König zwar den Protestanten und der Union nicht ungeneigt schien, beide aber doch nicht recht wußten, wessen sie sich zu ihm zu versehen hätten.

Zu dieser wichtigen Absendung wurde Hans Meynhard von Schönburg ausersehen, und die von diesem Geschäft vorhandenen Papiere zeugen, wie sehr er demselben gewachsen war. *)

---

*) Aus einer zu Berlin gepflogenen Abrechnung ergiebt sich, daß Schönburg auch zu dieser Reise, die er in Begleitung eines von Adel, eines Einspännigers (d. i. Trompeters) und 6 Bedienten gemacht, die Kosten vorgeschossen habe, welche sich auf 500 Rthlr., oder 700 fl. Batzen beliefen, und von dem Kurfürsten, in Gegenwart des Marggrafen von Anspach und Fürst Christians von Anhalt, decretirt wurden.

Schönburg erreichte den 7ten März 1611 den bereits im Anzug nach Prag begriffenen Mathias zu Iglau. Den 8ten hatte er seine erste geheime Audienz, und erfuhr zum Anfang so viel, daß der König den Ueberfall von Prag durch das Passauische Volk ganz nicht genehmigte, und eben deßwegen seine Reise dahin angestellt hätte, um diesem Uebel abzuhelfen. Da Mathias es sehr billigte, daß die Benachbarten sich gegen diese Leopoldische Völker in Positur setzten: so gieng Schönburg näher heraus, und erboth dem König nicht nur alle Hülfe und Beistand von dem Kurfürsten seinem Herrn, sondern auch von dem Marggrafen von Anspach und dem Fürsten Christian von Anhalt ihre Person, und was von ihnen abhienge.

In der 2ten den Tag nachher gehabten Audienz drang Schönburg noch stärker darauf, daß der König keine Zeit verliehren möchte, den Böhmen beizustehen. Er ersuchte nicht weniger denselben, einen Gesandten auf den Unionstag abzufertigen, mit der heiligsten Versicherung, daß diese Union keinen andern Zweck hätte, als die hochnöthige Vertheidigung der unirten Stände, und daß dem König die Vertraulichkeit mit derselben zu großem Ansehen und Nutzen in dem ganzen Reich gereichen würde. Die von unserm Schönburg in beiden Audienzien gehaltene Reden sind kurz, bündig und schön, und insbesondere der Beschluß der zweiten abschreibenswürdig, wo er sagte:

„Ueber das, so halten wir für gewiß, und
„haben in Frankreich und Niederland
„gute Exempel, daß, wenn die Liga und
„König von Spanien offensive wegen der
„Religion, oder die Gewissen zu zwingen,
„sich unterstanden, und gekrieget, oder daß
„wir unserer Seits weiter gegangen
„sind, als defensive, daß kein Theil dazu
„niemals Glück gehabt. Wollte viel Ur-
„sachen, hierzu dienend fürbringen, aber weil
„solches also beschaffen, daß sie mir bei bei-
„den Theilen keine Gunst machen möchten,
„will ich hiermit schließen. Es sind Mittel
„genug, zu einer solchen Vergleichung, daß
„welcher Theil am ersten brechen, und sün-
„digen würde, durch alle die andere könnte
„im Zaum gehalten werden, also beide Theile
„sicher und friedlich leben, und betrügen
„sich alle die, so meynen, sie wollen
„die Welt allein unter ihnen, und in
„derselbigen nur eine Religion haben.

Der König versprach in dieser Audienz wirklich, dem Kurfürsten gegen das Passauische

Kriegsvolk, wenn es sich ins Brandenburgische ziehen wollte, ebenfalls beizustehen, mit dem Kurfürsten einen Feind zu haben; von den Prager-Händeln mit ihm zu correspondiren, und keinen Vergleich einzugehen, ohne ihm, und den unirten Ständen davon Nachricht zu geben. Auch den Unionstag wollte er durch den v. Stahrenberg beschicken.

Am nämlichen Tag unterzeichnete Mathias den Böhmischen Ständen ihre Freiheiten und Religions-Assecuration mit beigefügter Versicherung, daß auch andere evangelische Stände nicht über ihn zu klagen Ursache haben sollten.

Noch eine wahrhaft rednerische Stelle verdient aus unsers Schönburgs Relation über diese Audienz abgeschrieben zu werden:

„Weil dann (so dreust schloß unser Ge-
„sandter) aus zwei Uebeln das beste zu er-
„kiesen, Euer Königl. Majestät deren Re-
„ligion durch Verfolgung keinen Nutzen
„schaffen, was Gott also haben will, nicht
„zu ändern: was können dann Euer Königl.
„Majestät für größer Contento auf dieser
„Welt haben, was für größern Namen und
„Reputation können Sie mit sich in die
„Grube nehmen, wie können sie ruhiger schla-

„sen, als daß sie die ganze Christenheit in
„Frieden gesetzt, von jedermann geliebet, der
„armen Leute Fluch über die Verursacher des
„Kriegs alle in Gebeth verwandelt, zu allen
„Dero Intentionen gelangen, ohne Blutver-
„gießen, ohne ihre Religion zu offendiren,
„ohne das Weltliche dem Geistlichen vorzu-
„ziehen, indem Sie nichts Neues, nichts
„Präjudicirliches, sondern in Ihrer löblichen
„Vorfahren Fußstapfen trettend, das was
„Recht, Christlich, bräuchlich, und Sie
„nicht ändern können, eingehen, oder
„zulassen; also sonder Schwerd, mit Liebe
„in das Regiment kommen, im Reich bei
„beider Religion Potentaten und Ständen
„sich geliebt, respectirt, und, weil sie mit
„denselben einig, Sich und das ganze
„Reich Deutscher Nation bei dem Fremden
„wieder ästimirt, und gefürchtet machen.„

Mathias brach wirklich des folgenden Tags, ungeachtet der Gegenvorstellungen des päbstlichen Nuntius, und des Spanischen Bottschafters, auf, und langte den 14ten zu Prag an. Schön-burg reißte mit, und beschrieb sorgfältig, wie sich das Königl. bewehrte Gefolg gleichsam von Station zu Station vermehrte, so daß Mathias seinen Einzug mit einer Anzahl Mannschaft zu Roß und zu Fuß hielt, welche für die damalige Zeiten schon den Namen einer Armee verdiente.

Der König besprach sich nicht nur unterwegs zweimal mit unserm Schönburg, sondern auch zweimal zu Prag selbst. Der Gegenstand ihrer Unterredungen betraf vornehmlich die Kriegskunst überhaupt, und das Artillerie- und Fortifications-Wesen insbesondere. Der König aber fand an dieser Unterhaltung ein solches Vergnügen, daß ihm Schönburg auch seine bei sich habende Risse und Instrumenten zeigen mußte. Endlich, nachdem er unterschiedlichemal um seine Abfertigungen angehalten, ihm auch einigemal der Antrag gemacht worden, in des Königs Dienste zu tretten, erhielt er solche schriftlich, ungefähr in eben den Ausdrücken, deren sich der König vorhin mündlich gegen ihn bedient hatte.

Eine Unterredung unsers Gesandten mit dem berühmten nachmahligen Cardinal Clesel, ist noch werth, mit Schönburgs eigenen Worten hier eingerückt zu werden:

„Der Clesel hat mit mir folgenden Dis-
„cours gehabt, expresse zu mir kommen,
„und, um destomehr von mir zu er-
„fahren, mich genug gelobt, und wie-
„wohl

„wohl Ihre Königl. Majestät mit meinem
„Anbringen zufrieden, daß die meine Person
„sonderlich contentirt, auch wohl mich in
„Dero Bestallung sehen möchten, hernach mir
„geklagt, daß er in so bösem Credit bey den
„evangelischen Fürsten; könnte nicht wissen,
„warum? Bekennte wohl, daß er seiner
„Religion gern fürstehen wollte, auch vor
„diesem den König gehindert, den Evangeli=
„schen kein Exercitium zu verstatten, Ihre
„Majestät auch mit der Excommunication
„gedrohet. Weil er aber sehe, daß Dero
„Vorfahren, und nicht Ihro Majestät die
„Privilegien gegeben, daß Ihre Majestät
„nicht ruhig regieren könnten, daß so viel
„Krieg, als bißher gewesen, keinen Nutzen
„geschaft, daß Ihro Königl. Majestät in
„Dero Landen übel versichert; daß der Kaiser
„solch Werk angesponnen und practicirt, um
„wieder zu den Landen zu kommen; daß der
„Kaiser auf solchen Fall an Ihrer Königl.
„Majestät sich würde rächen, er für seine
„Person in großen Ungnaden bei Ihrer
„Kaiserl. Majestät, welcher als ein Tyrann,
„sonder Treu, Glauben, Religion oder Con=
„scienz, seinen König, und auch ihn, um
„das Leben bringen zu lassen, sich unterstan=

E

„den (mit Erzählung mehrerer schändlicher
„Facten) daß diese Ursachen ihn gezwungen,
„dem König zu rathen, die Privilegien zu
„confirmiren. Weil nun das geschehen, so
„hätte er seither niemals dazu rathen wollen,
„ungeachtet des Kurfürsten von Cölln, und
„Ferdinandi Suchen, sondern daß man
„mit den Evangelischen friedlich leben, was
„man ihnen einmal zugesagt hätte, halten.
„Solches wolle er noch thun, so lang er lebe,
„oder Gott solle seiner Seele nimmer gnädig
„seyn. Nicht, daß er die evangelische Reli=
„gion liebe, sondern weil er sehe, daß ein
„Theil dem andern fast gewachsen, daß es
„nicht anders seyn könne, und daß sein König
„nicht allein um Land und Leute, sondern
„um seine weitere Hofnungen komme, und
„das Hauß Oesterreich ganz ruinire.

„Darauf ich ihme geantwortet, daß, wenn
„er den halben Theil solches meynte,
„effectuirte und nachkommen würde, daß
„ich bekennte, daß wir keine nützlichere Per=
„son im Reich hätten, als ihn ꝛc.„

Gewiß eine Deutsche Antwort für einen
Mann, der es durch seine Feinheiten dahin ge=
bracht hatte, daß man ihm nicht mehr traute, als

man wirklich sah; obgleich seine Versicherungen vielleicht in diesem Fall, wie sein nachher erfahrenes hartes Schicksal zu beweisen scheint, von Herzen gegangen seyn mochten.

Auch Schönburgs übrige Anmerkungen, die er aus Gelegenheit dieser Abschickung machte, beweisen den forschenden Kopf (ein eigentliches Gesandten-Talent) gehören aber nicht hieher *). Nur zum Beispiel, so bemerkte er von Ungarn, daß Mathias aus diesem ganzen Königreich nicht nur kein Einkommen ziehe, sondern noch jährlich 300000 fl. zur Unterhaltung der Gränze von andern Mitteln darauf verwenden müsse; und daß diese ganze Nation sich lieber dem Türken unterwürfig oder zinßbar machen, als mehr von einem Krieg etwas hören wollte.

Von Böhmen, Mähren und Schlesien hingegen wollte er erfahren haben, daß der Kaiser

---

*) Und um ein Haar hätten diese Nachrichten das Schicksal gehabt, in das Makulatur geworfen zu werden, wozu sie von einem alten Registrator durch die Aufschrift: Curiosa, zur Kanzlei aber eben nicht dienlich, bestimmt zu seyn schienen. Wahrscheinlich ist diese Ueberschrift die Ursache, daß sie wirklich Defect sind, und unter andern aus dem wichtigen Inquisitionsprotocoll Franz Tennagels über die Leopoldische Practiken einige Bogen fehlen.

aus diesen drey Ländern niemals mehr als eine Million gezogen hätte, seit einigen Jahren aber seyen nicht 400000 Thlr. daraus zu ziehen gewesen, u. s. f. Ein trauriger Zustand dieser Monarchen! Ein Glück für sie aber, daß es zu gleicher Zeit in allen andern Staaten nicht besser aussah.

Kaum war Schönburg aus Böhmen zurückgekommen, als er schon in dem darauf folgenden Monat April wieder als Gesandter nach dem Haag geschickt wurde, um bei dem Prinz Moritz und den Generalstaaten die Jüterbockische und Torgauische Verhandlungen zu erklären, und zu entschuldigen.

Es war nämlich vorhin schon zu Cölln, unter Kaiserlicher Direction, wegen Einnahm des Hauses Sachsen in den gemeinschaftlichen Besitz der Jülchischen Erbschaft gehandelt, aber nichts Entscheidendes abgeschlossen worden. Man hatte jedoch die präjudicirliche Clauseln bewilligt, daß die Possession, als ob sie im Namen des Kaisers geschehen wäre, angesehen werden, und der Gouverneur zu Jülich in Kaiserlichen besondern Pflichten stehen sollte. Diesen Clauseln hatten zwar die unirte Fürsten durch die Tractaten zu Jüterbock und Torgau eine andere Wendung zu geben gesucht, dafür hingegen drei possidirende Kur- und Fürsten anerkannt, obwohl die réelle Mitbesitzergreifung des Hauses Sachsen noch auf einen weitern Vergleich hinausgeschoben wurde. Allein so wie die Unirten hierdurch auf der einen Seite gewonnen zu haben glaubten, indem sie durch Sachsens Befriedigung den Kaiser aus dem Spiel zu setzen suchten: So hatte dieser dafür Pfalz-Neuburg auf seine Seite, und zum Widerspruch dieser neuen Conventionen gebracht: Dieses ließ sich bereits damals, wie die Schönburgische von Fürst Christian von Anhalt den 7ten April ausgefertigte Instruction ausweißt, vermuthen, und der Erfolg bestättigte, wie wir aus der Geschichte wissen, diese Vermuthung.

Indessen hielt sich Kur-Brandenburg für so sicher in seinen Sachen, oder dachte so voreilig ökonomisch, daß Schönburg in einem durchaus eigenhändig geschriebenen Brief vom Kurfürsten den 11ten des nämlichen Monats Befehl bekam, eine Abdankung der Brandenburgischen Truppen vorzunehmen.

Wie diese unternommen worden, was sie für Folgen gehabt, und was unser Schönburg auch bei dieser Gelegenheit für Auslagen aus seinen eigenen Mitteln thun mußte, davon wird es in der Folge zu reden, Gelegenheit geben.

Im Sommer eben dieses Jahrs 1611 erhielt Kurfürst Johann Sigismund die Nachricht, daß auf den 16. Sept. ein Reichstag in Pohlen gehalten, und daselbst auch die Preußische Lehens- und Successionssache vorgenommen werden sollte. Er fand also für gut, um diese Zeit selbst in Preußen gegenwärtig zu seyn, und glaubte (wie es in dem Rescript an Schönburg zweimal wiederholt wird) daß ihm viel daran gelegen wäre, Schönburgs Person daselbst bei sich zu haben, die ihm in vielen Sachen nützlich einräthig seyn könnte. Er befahl ihm also den 14. Jul. ganz gnädiglich aufs angelegentlichste, ja nicht auszubleiben, und ihm zu einer Leibwache 200 Mann mitzubringen. Um ihn hierzu noch mehr zu bewegen, setzte der Kurfürst nicht nur seinen Namen unter das Rescript, sondern schrieb außer dieser Unterschrift, noch mit eigener Hand darunter: „Euch mit allen Gnaden jederzeit wohl zugethan und gewogen, Hans Sigismund Kurfürst." Es scheint aber, daß die Umstände, und insonderheit die demselben von Kurpfalz übertragene Aufsicht auf den Festungsbau von Mannheim, unserm Hans Meynhard diese Reise nicht zugelassen hätten.

Bißher haben wir unsern Schönburg entweder in Kriegs- oder in politischen Händeln gesehen, und in beyden, als den klugen, tapfern und erfahrnen Mann gefunden. Nun kommen wir auf die Periode, wo ihn sein Vaterland auch für einen guten Mann öffentlich erklärte; da ihm noch im November dieses geschäftvollen Jahres die Ehre wiederfuhr, daß er zum Hofmeister des Kurprinzens, nachmals Friederichs V. berufen wurde.

Daß Schönburg die Wichtigkeit dieses Auftrags ganz einsah, daher aber auch weit davon entfernt war, solchen leichtsinniger Weise mit beiden Händen zu ergreifen, zeigt sich aus seiner Gegenvorstellung, und den Bedingungen, die er machte, ehe er sein Jawort zu geben, sich entschließen konnte. Diese Schrift ist mit so viel Vernunft und Offenherzigkeit abgefaßt, daß sie seine Karakter-Schilderung vertretten kann, und gewiß unter den Beilagen mit einem vorzüglichen Vergnügen wird gelesen werden *).

Seine Bescheidenheit, sein Vertrauen auf göttlichen Beistand, seine Bereitwilligkeit, selbst den guten Rath des Geringsten anzunehmen, mit der feyerlichen Erklärung, daß er hingegen heimliche Critiken weder dulten könnte, noch würde, sind zum Entzücken hinreißend. Doch genug. Diese Beylage will, wie gesagt, ganz gelesen seyn.

*) Num. y.

Es gereicht aber eben so sehr dem Kurfürstl. damals zu Nürnberg sich aufhaltenden geheimen Rath zur Ehre, daß diese mannhafte Vorstellung gut aufgenommen, und dem Schönburg die Instruction und Bestallung den 1. Novembr. ausgefertigt worden, welche nicht weniger als Beilage dieser Biographie folgen soll *). Ich bemerke hier nur, daß mit dieser so beschwehrlichen, als ehrenvollen Stelle, außer Futter und Mahl für 9 Pferde, und das dazu gehörige Gesind, ganz keine Besoldung verknüpft war. Wehe aber auch dem Mann, der des Gehalts wegen die Erziehung künftiger Fürsten übernehmen könnte.

Noch vor dem Ende des Jahrs 1611 schrieb der Kurfürst von Brandenburg an unsern Hans Meynhard aus Königsberg in Preußen, daß nunmehr die Preußische Sache geendigt sey, und er das Homagium in Person geleistet habe, auch belehnt worden wäre. Er ermunterte denselben, in seiner guten Intention gegen das Hauß Brandenburg beständiglich zu beharren, und wünschte, daß Schönburg nur auf eine kurze Zeit zu ihm kommen möchte. „Haben gleich jetzo „(fähret der Kurfürst fort) vom Pfalzgrafen "(näm„lich von Neuburg)" Nachrichtigung erlanget,

---

*) Num. 4.

„daß Er Vorhabens, sich wiederum zu Uns zu
„begeben: welches wir zwar dahin müssen gestellt
„seyn lassen, wollten aber, daß wir zur selben Zeit
„**etzliche gute**, vertraute, ehrliche Patrioten
„bei Uns haben möchten, Sr. Liebden um so viel
„mehr der Gebühr nach zu begegnen *). Ist es
„**Euch möglich**, so kommt anhero: dann
„wir auch in diesen Landen **Uns Eures guten**
„**Raths zu gebrauchen**, und müssen Wir
„bei dieser Gelegenheit Uns mit Unsern getreue-
„sten eines gewissen Schlusses vergleichen.„

Aus dieser Reise nach Preußen wurde nun zwar nichts; diesem ungeachtet aber scheint Schönburg seine Hofmeisterschaft nicht lang geführt zu haben, denn im Jänner 1612 wurde er schon wieder nach Brüssel, als Gesandter, geschickt. Er sollte daselbst bei Erzherzog Albrecht von Oesterreich den Ausgang eines vor dem Conseil-Souverain (oder wie es hier genannt wird, Parlament)

---

*) Mit der Ohrfeige, welche dieser Kurfürst dem Pfalzgrafen vorhin ertheilt haben soll, reimt sich diese Sorgfalt, Seiner Liebden der Gebühr nach zu begegnen, nicht wohl. Aus welcher Quelle mag der gekrönte Geschichtschreiber (Memoires pour servir à l'histoire de Brandeb: P. 1. Art. Jean Sigismond) diese scandalose Anekdote geschöpft haben? Oder begab sich solche nachher?

zu Mecheln hangenden vieljährigen Processes, wegen der in Brabant und Flandern gelegenen Pfälzischen Herrschaften Buggenholt, *) Bassenrodt und St. Amand betreiben. Ein weiteres Memorial vom letzten des gedachten Monats giebt zu erkennen, daß ihm auch aufgetragen war, das Condolenz-Compliment, wegen tödtlichen Ablebens Kaiser Rudolphs, abzustatten, und die Uebernahm des der Pfalz auf diesen Fall zuständigen Vicariats anzuzeigen.

Nicht weniger sollte Schönburg bei den vorgewesenen gütlichen Tractaten des Herzogs von Würtenberg mit dem Erzherzog zu Brüssel, jenem, der die Assistenz der unirten Fürsten bei der zu Rothenburg an der Tauber gehaltenen Versammlung angerufen hatte, beistehen: und die Marggräfl. Badensche Successionssache gegen Marggraf Eduard Fortunats Kinder bei dem Erzherzog unterstützen, und zu gütlichem Austrag befördern helfen.

Damit endlich auf einem und dem nämlichen Wege zwei Geschäften ausgerichtet werden möchten, wurden ihm zu gleicher Zeit Instructionen nach dem Haag mitgegeben, um bei dem Prinzen

---

*) Bouggenhoudt.

Moritz von Oranien, und den General-Staaten einige Werbungen zu verrichten.

Die erste derselben bestand, laut dem Neben-Memorial vom 3. Febr. in einem theologischen Auftrag.

Man hatte nämlich zu Heidelberg mit Schrecken vernommen, daß ein gewisser D. Gerhard Vorst, der zum Professor der Theologie in Leiden angestellt worden, nicht orthodox wäre. Da nun aber dem Kurfürsten zu Pfalz viel an der reinen christlichen Lehre gelegen sey: so möchte man doch in dieser wichtigen Sache mit Pfalz communiciren, damit Zwiespalt und schädlichen Trennungen abzuhelfen, getrachtet werden könnte. Hierinn wurde also nichts, wie solches bei andern Gegenständen geschah, der Discretion des Gesandten überlassen: welcher auch durch seinen Stand nicht zu Ausgleichung solcher Streitigkeiten berufen war. Indessen gehörte diese heut zu tag für eine Kleinigkeit geachtete Sache damals noch unter die Staatsangelegenheiten, weil es vornehmlich den Ständen reformirter Religion nicht gleichgültig seyn durfte, wenn ihnen von den übrigen Religionspartheyen vorgerucket werden konnte, daß sie selbst nicht recht wüßten, was sie glauben, oder lehren wollten.

Die andere Werbung daselbst betraf die Assistenz der Reichsstadt Aachen, und das Ersuchen um Beistand, wenn etwa von dem Hauß Neuburg dem Vicariat des Administrators der Kurpfalz etwas in den Weg gelegt werden wollte. Es war hiermit auch noch ein geheimer Auftrag wegen der Kaiserwahl verbunden, dessen Innhalt aber verlohren gegangen.

In den Instructionen von diesem Monat heißt Schönburg nicht mehr Hofmeister bei dem Kurprinzen, sondern Kurpfälzischer geheimer Rath und Obrister.

Gleich in dem folgenden Monat März treffen wir ihn zu Wesel an, um die wechselseitige Hülfsleistung, welche England, und die unirten Deutschen Stände, schon obengemeltermasen, einander zugesichert hatten; mit dem daselbst eingetroffenen Königl. Großbrittannischen Rath und Ambassadeur bei den vereinigten Niederlanden, Rudolph Winwood, unter Mitwürkung des Würtenbergischen Gesandtens von Buwinghausen, ins klare zu setzen.

Die bey dieser Gelegenheit entworfene Reglements wegen der Unterhaltung von 4000 Mann Englischer und 2000 Deutscher Truppen sind vielleicht einem Liebhaber der Geschichte des militärischen Oekonomie-Wesens, zur Vergleichung mit den gegenwärtigen Unterhaltungskosten des Militärs, nicht ganz unangenehm, und folgen deswegen als Beilagen. *)

Da unter andern daraus zu lernen ist, daß das Deutsche Kriegsvolk um ein ansehnliches höher zu stehen kam, als das Englische; folglich die Hülfe, wenn sie in Geld zu leisten gewesen wäre, nicht Verhältnißmäßig gewesen seyn würde, so wurde festgesetzt, daß England auf diesen Fall den unirten Fürsten monatlich 85,663 fl. 10 Stüb. Brab. Geld, die Fürsten aber an England 42831 fl. 15 Stüb. dergleichen zu Subsidien zu zahlen, gehalten seyn sollten. An Englischem Geld, 10 Brabanter Gulden auf ein Pfund Sterl. gerechnet, betrug diese Summe jenseits ungefähr 8566 disseits aber 4283 Pfund. Zehen Brabanter Gulden aber, oder 1 Pfund Sterling wurden mit 6 Deutschen Gulden Batzen gleichgestellt.

Die schließende Deutsche Fürsten, welche den obengenannten Abgesandten Vollmacht gegeben hatten, waren: Pfalzgraf Johann, der Kurpfälzische Administrator und Reichsvikar; Johann Sigismund Kurfürst zu Brandenburg; Christian und Joachim Ernst, Gebrüder Marggrafen zu Brandenburg,

---

*) Num. 5.

Johann Friederich Herzog zu Würtenberg, Landgraf Moritz von Hessen, Marggraf Georg Friederich von Baden, Johann Georg, Christian, Ludwig, Rudolph und August, Prinzen von Anhalt. Dem Herrn Pfalzgrafen von Neuburg wurde der Beitritt in den nächsten 4 Monaten, vom 28. März alten Styls an zu rechnen, freigestellt, welches überhaupt der beliebte Ratifications-Termin für sämtliche Paciscenten war.

Noch in eben diesem Jahr bekam Schönburg eine andere ansehnliche Gesandtschaft, nämlich aus Gelegenheit der Verlöbniß des Kurprinzen mit der Tochter Jacobs des I. Königs in England.

Die Sache war schon vor Anfang dieses Jahres im Werk, und rührte der Vorschlag ursprünglich von dem Herzog von Bouillon her, bei welchem der Kurprinz eine Zeit lang erzogen wurde. Fürst Christian von Anhalt rieth deßwegen den 22. Jän., daß man den Obrist von Schönburg von Brüssel aus nach Paris schicken sollte, um sich mit dem Herzog von Bouillon und dem Englischen Gesandten daselbst vorläufig darüber zu besprechen.

Ueberhaupt war dieser Fürst gleichsam der Pfalz geheimster Rath, und gefällt mir dessen

Dafürhalten besonders auch deßwegen, daß er immer der Meynung war, hierinn nichts zu übereilen, und hauptsächlich dem Kurprinzen die freie Hand so lange, als immer möglich, zu lassen, damit er sich auch aus eigner Affection (die man sonst bei Fürsten-Kindern so selten zu Rath zieht) entschließen könnte.

Die Briefe dieses Fürsten an den Administrator zeugen von seinem ausgezeichneten Vertrauen auf unsern Schönburg, ohne welchen er beinahe nichts gethan haben wollte.

Von Schönburgs Pariser Reise findet sich nun zwar keine gewisse Spur. Nachdem aber gedachter Herzog von Bouillon sich mit dem Englischen Gesandten, von Edmond, zu Paris so weit besprochen, auch schriftliche Versicherung erhalten hatte, daß man von England keine abschlägliche Antwort bekommen würde: nachdem auch die Werbung durch den Grafen von Hanau und einen von Plessen zu London geschehen, und die Heuraths-Artikeln zwischen ihnen und dem Englischen Ministerium berichtigt waren, so wurde Schönburg, welcher indessen mit dem Prinzen Moritz und den Generalstaaten in dieser Angelegenheit zu Rath gegangen war, nach England abgeordnet, um dem König die Kurfürstl. Ratification die Heurathstractaten zu überreichen, und was noch zu verabreden übrig seyn möchte, in Richtigkeit zu bringen.

In den an den König, die Königinn und den Prinzen von Galles ihm mitgegebenen Credenzschreiben wird er des H. R. Reichs-Ritter *) und der Kurfürstlichen Pfalz geheimer Staats- und Kriegsrath genannt.

Seine Instruktion gieng unter andern dahin, nicht nur dem Englischen Kronprinzen, welcher diese Verlobung hauptsächlich durchgesetzt hatte, deßwegen besondere Danksagungs-Komplimenten zu machen, sondern auch, wo möglich, sein Vertrauen zu gewinnen, und ihn selbst von einer Verlobung mit einer katholischen Prinzessinn, worauf Spanien, und die in der Liga stehende Höfe angelegentlichst machinirten, durch alle mögliche politische Beweggründe abzuhalten.

Ein besonderer Artickel dieser Instruktion weißt unsern Schönburg auch an, dem König und dem Prinzen von Wallis einen rechten Begriff von der Deutschen Reichsverfassung beizubringen. Allen Umständen nach vermengte man daselbst unsere Deutsche Reichsfürsten mit den Ducs und Pairs

---

*) Auf dem letztern Reichstag zu Frankfurt war er nämlich zum Ritter geschlagen w

Pairs von England, und eignete jenem kaum so viel Macht und Ansehen zu, als diesen damals zugestanden wurde.

Der Kurfürst war indessen an den Hof seiner Mutter Bruder, des Prinzen Moritz von Oranien, geschickt worden, „pour s'y façonner avant que faire le voyage d'Angleterre,, wie der Ausdruck in dem Pfälzischen Ministerialgutachten lautet. Er kam jedoch bald darauf selbst nach England. Das Beilager wurde den 14. Febr. 1613 vollzogen, und der König ernannte bei dieser Gelegenheit Schönburg zu seinem Rath mit einem Gehalt von jährlichen 400 Pfund Sterling, welche Pension er bis an seinen Tod wirklich bezog.

Daß Hans Meynhard bei der Einrichtung des eigenen Hofstaats für die Kurprinzessinn, und den Anstalten ihrer Heimführung, die Functionen eines Obermarschalls, neben seinen politischen Aufträgen, zu besorgen hatte, ist aus der unter seinen Papieren gefundenen Hofordnung der Frau Kurprinzessinn, und aus den Beschwerden des Englischen Gefolges, auch der Neuvermählten selbst, über verschiedene ökonomische Einrichtungen der Pfälzer, zu schließen.

Der trotzige Ton, worinn einige dieser Klagen abgefaßt sind, zeigt, wie hoch die Engländer dem Deutschen Fürsten die Ehre dieser Verbindung aufrechneten. Daß auch für Reutpferde, Sattel und Zeug der weiblichen Dienerschaft gesorgt werden mußte, gehört noch zur Schilderung der damaligen Zeiten, und insonderheit der Englischen Sitten.

Im Novembr. 1613 bekam Schönburg abermal den Auftrag als Pfälzischer Gesandter nach den vereinigten Niederlanden und England abzugehen.

Der Hauptbeweggrund zu dieser Absendung lag in dem unfreundlichen Ausgang des letzten Reichstags, auf welchem sich vorzüglich die Geistlichkeit in einem so hohen und muthigen Ton geäußert hatte, daß die protestantische Fürsten daraus auf einen mächtigen Hinterhalt schlossen, und daher auf ihre eigene Sicherheit Bedacht nahmen. Zugleich suchte der Administrator in Holland Credit auf 200000 fl., wogegen er seiner Gemahlin Heurathsgut zur Sicherheit verpfänden, und 6 oder auch höhere Procenten, welche gebräuchlich seyn möchten, geben wollte.

Dabei wurde den Generalstaaten die Reichsstadt Aachen gegen besorgliche Vergewaltigung empfohlen, und zu gütlicher Beilegung der Holländischen Religionszänkereien in der Stille, herzlich angerathen.

Bei dem König von England hingegen hatte Schönburg vornehmlich die allianzmäsige Hülfe auf den Nothfall in Erinnerung zu bringen, und zu bewirken, daß durch Englische Vermittlung der König von Dännemark, und der junge Herzog von Braunschweig zu besserer Verständniß und Verbindung mit der Union bewogen würden.

Das Französische Memoire, welches dem Gesandten mitgegeben wurde, um daraus dem Englischen Hof die Geschichte des letzten Reichstags einleuchtend beizubringen, gehört unter die Probstücke der Deutsch-Französischen Staatsschriften damaliger Zeit. *)

Im Jahr 1614 that Schönburg, welcher Kurbrandenburg. geheimer Rath und Oberster geblieben war, in eigenen Angelegenheiten eine Reise nach Berlin. Er traf nämlich Abrechnung wegen seiner Forderungen, und das Resultat war (ohne den Posten, wofür ihm einst die Kleinodien versetzt wurden) ein Kapital von 33,460 Rthlr. Man ertheilte ihm hierüber den 12. August eine förmliche Obligation, und die

---

*) Beyl. Num. 6.

Versicherung auf die Rentmeisterey, nebst dem Zoll zu Huesenn. *)

Hieran war es noch nicht genug. Marggraf Georg Wilhelm von Brandenburg fand im Herbst dieses Jahrs, daß es die unvermeidliche Nothdurft erfoderte, zur Bedeckung der Clevischen, Jülchischen und dazu gehörigen Lande ein Regiment Fußvolk anwerben zu lassen. Hierzu wurde nun wieder unser Schönburg gebraucht; weil aber Sr. Fürstl. Gnaden mit keinen dazu nöthigen Geldern in der Eile versehen waren, so mußte derselbe auch diesen Vorschuß leisten, der sich nach richtiger Liquidation, auf 10000 Rthlr. oder 14000 fl. Batzen belief.

In der ihm für dieses Anlehen zu Rens den $\frac{13}{23}$ten Sept. ausgestellten Obligation wurde dem Gläubiger das Land von Brißkensandt **) in Flandern bei der Stadt Schlense gelegen, zum Unterpfand wirklich eingeräumt, so, daß er alle Gefälle, Einkommen, Rechte und Gerechtigkeiten

---

*) Auch Huissen oder Heußen, in dem Clevischen steuerräthlichen Stadtkreiß westseit Rheims unterwärts.

**) Oder Breßkesand. Büsching nennt diese Herrschaft zweymal in der Einleitung zum Herzogthum Cleve, ohne ihrer im Verfolg zu gedenken. Die Stadt Schlense wird man ebenfalls vergeblich bei ihm suchen.

genießen, ja es unwiderlößlich als Eigenthum behalten sollte, wofern die Heimbezahlung nicht innerhalb den nächsten zwei Monaten erfolgte.

Würde er jedoch bei einer etwa künftigen Theilung beider Fürsten, dieses Unterpfand abzutretten, gezwungen seyn, so sollte ihm aus andern Brandenburgischen Gütern in diesen Landen Erstattung geschehen.

Endlich wurde den 21. Novembr. eben dieses Jahrs von Marggrafen **Georg Wilhelm** im Namen seines Herrn Vaters, des Kurfürsten zu **Brandenburg**, und dessen dazu abgeordneten geheimen Räthen, mit eben demselben zu gedachtem **Rens** noch eine General-Abrechnung getroffen, nach welcher der Kurfürst unserm Schönburg 23,572 Rthlr. oder 33000 fl. 12 Batzen schuldig verblieb. Diese Summe sollte in vier Terminen bezahlt werden, und ihm dafür die ganze Brandenburgische Artillerie, samt Pulver, Kugeln und aller Zugehör zu wahrem Unterpfand eingesetzt seyn. Schönburg erhielt in dieser Verschreibung die Befugniß, wenn er in der nächsten Frankfurter Ostermesse nicht vollkommen bezahlt wäre, diese Artillerie, ohne weiteres, zu verkaufen, und sich davon bezahlt zu machen.

Im Jahr 1615 gieng unser Schönburg, zum dritten, oder viertenmal nach **England**.

Vermuthlich geschah es in Verrichtungen, von deren eigentlichen Gegenstand ich jedoch keine Belehrung finden konnte. Für seine Person aber zeichnete sich diese Englische Reise dadurch aus, daß er sich mit Anna Sutton, (Eduards Suttons Grafens von Dudley und Theodosiä, gebohrner Lady von Harrington, Tochter) in London den 22. März vermählte, und also mit einer Landsmännin seiner Kurfürstinn zurückkam.

In eben diesem Jahr, nachdem unser Schönburg bereits Kurpfälzischer Obermarschall geworden war, fielen die Zahlungs-Termine aus den Gefällen der Rentmeisterey und Zolls zu Huyssen nicht ganz nach der getroffenen Abrede. Schönburg beklagte sich darüber, und erhielt von Marggraf Georg Wilhelm Entschuldigungen und Vertröstungen, welche jedoch immer kälter und trockener lauteten.

Brandenburg hatte nämlich auch an die Generalstaaten zu bezahlen, und suchte sie dem Privatglaubiger vorzuziehen. Schönburg, der dieses merkte, trachtete demnach, sich wenigstens in den ihm versicherten Gefällen zu Huysen in Besitz zu erhalten, legte eine Anzahl Soldaten von seinem Brandenburgischen Regiment zur Besatzung in das dortige Schloß, und verweigerte

den Holländischen Truppen, welche Brandenburg in allen Clevischen Städten in Garnison
eingenommen hatte, den Eingang. So hoch ihm
dieses Brandenburgischer Seits aufgerechnet
wurde: so ließ doch Marggraf Georg Wilhelm
in einem Rescript vom 7. April seine Empfindlichkeit darüber nicht sonderlich vermerken. Er gab
nur unserm Schönburg zu verstehen, daß Brandenburg mit Kriegsvolk sattsam versehen sey,
auch allenfalls von Holland noch mehr haben
könne; der Marggraf stelle es also in Schönburgs
Gefallen und Discretion, diese Besatzung von
Huysen auf eigene Kosten ferner zu unterhalten,
oder zu verabschieden, indem es sich zu Besoldung
dieser Garnison, weder seit solche dahin gelegt
worden, noch fürs künftige verbunden zu seyn
erachte. Dem Kurfürsten aber wurde dieser Schritt
von den Personen, welche den Marggrafen umga-
ben, und leiteten, mit sehr schwarzen Farben
vorgemahlt.

Was Huysen anbetrift, so mußte nun
Schönburg wohl seine Leute in der Eile abdanken, worauf sogleich Holländische Besatzung darinn einrückte; Verläumdungen aber konnte er nicht
auf sich liegen lassen. Da er sich nichts unrechtes
bewußt war, so ersuchte er selbst den Marggrafen,

seine Rechtfertigung mit einem Vorschreiben an seinen Vater, den Kurfürsten, zu begleiten.

So wenig jener ihm, als dem Abwesenden, mehr geneigt zu seyn schien, so gelang es dessen Räthen doch nicht, ihn dahin zu stimmen, unserm Schönburg die Bitte abzuschlagen. Er schrieb daher im May an seinen Herrn Vater, und gab Schönburg darinn das wiederholte Zeugniß, daß er dem Brandenburgischen Hause wohl gedient habe, auch wohl affectionirt gewesen. Nur ließ er mit einfließen, daß ihm derselbe wegen seiner Besoldung und Versicherung etwas kostbar und schwehr gefallen sey.

Dieser heimliche Stachel machte zwar auf das Gemüth des biedern Fürsten keinen Eindruck. Er antwortete vielmehr den 16. Jul. von Cüstrin aus dem getreuen Diener in solchen verbindlichen Ausdrücken, daß eine Stelle dieses Briefs in der Anmerkung wörtlich eingerückt zu werden verdient. *)

---

*) „Nun sind wir zuforderist, vor eure erwiesene unter-„thänigste, getreue nützliche Dienstleistung ganz gnädigst „dankbar: Sollte Uns auch, als Ihr Uns gewiß zutrauen „möget, kein Lieberes begegnen, dann das Wir Euch „jetzo bald, weil es bis anhero nicht geschehen können, „entweder mit baarem Gelde, oder doch mit gänzlicher „Uebergab des Amts Hupsen, der Gebühr nach conten-„tiren könnten. ꝛc.„

Allein zu Geld sey kein Rath zu finden, und die Uebergabe des oftgedachten Amts weder für den Kurfürsten, noch für den Glaubiger thunlich. letzterer möchte sich also noch ein wenig gedulten.

Eben so gnädig lautete das von dem Bruder des Kurfürsten, Marggrafen Johann Georg zu gleicher Zeit an Schönburg erlassene Schreiben. Allein der Ton des Vorschreibens von Marggraf Georg Wilhelm war diesem zu empfindlich, um dazu still zu schweigen. Er erließ deßwegen den 1. August an den Marggrafen einen so merkwürdigen Brief, daß ihn kein Mann von Gefühl unter den Beilagen überschlagen wird. *)

Diesem ungeachtet erboth er sich am Beschluß, wenn es die Noth erfordern sollte, nochmals seinen Leib, und eine gute Anzahl Gelds wiederum dem Hauß Brandenburg zu Diensten mit ganzer Treue zu widmen. Weil auch das Geschütz ihm für eine andere Summe verschrieben, der Kurfürst aber solches der Union zu überlassen gemeint sey, so gieng sein ferneres Erbiethen dahin, diese Summe auf die Obligationen, worinn die Renten von Zuysen verpfändt waren, schlagen zu lassen, und über alles zusammen eine neue Verschreibung an-

*) Num. 7.

zunehmen; nicht weniger die ihm verſetzte Kleinodien noch zwei Jahre, bis Sr. Fürſtl. Gnaden zu
Geld kämen, aufzubewahren, und alsdann um
das Geld, wofür ſolche verſetzt ſeyen, zurück zu
geben.

In der Antwort auf dieſe gewiß ungeſchminkte
Vorſtellung äuſſerte der Marggraf nicht die min-
deſte Empfindlichkeit. Nur vertröſtete er den
Gläubiger auf beſſere Zeiten. Er ſchickte demſel-
ben auch den $\frac{8}{15}$ Sept. eine abermalige Obligation,
worinn die Summe von 11868 Rthlr. Kriegs-
gelder, wofür Schönburg die Artillerie verſchrie-
ben war, ebenmäſig auf die Renten von Huyſen
verſichert wurden; jedoch mit dem Anhang, daß er
hieraus keine Zinſe bekommen ſollte.

Wie wenig Schönburg mit dieſer gefliſſent-
lichen Mißdeutung ſeines Anerbietens gedient war,
wenn ihm überdieß die Renten dieſes Orts, von
welchen er die Intereſſen für das erſte Capital zu
beziehen hatte, nach, wie vor entzogen blieben, iſt
leicht zu erachten. Er wandte ſich alſo unmittel-
bar an den Kurfürſten, und begleitete ſein Be-
ſchwehrungsſchreiben mit einem Brief an den Kur-
Brandenburgiſchen Kanzler, worinn er ſich unter andern der rührenden und kühnen Ausdrücke bediente:

„Soll ich dann für meine treue Dienſte
„anderſt nichts verdient haben, ſo gereuet es

"mich zu leben. Es ist zu bedauren
"und zu verwundern, daß Kur- und
"Fürsten Dero treue Diener also
"wollen tractiren, und ihrer Zusage
"also vergessen. Es ist keine Kunst, auf
"solche Manier einen ehrlichen Mann zu
"ruiniren; denn ich all mein Gut und Blut
"auf solche Worte und Verschreibungen
"hätte hergeben."

Er wollte, wenn es nöthig wäre, Vorschreiben von England, der Union und den Generalstaaten beibringen, welchen allen seine der Kur-Brandenburg geleistete Dienste bekannt seyen. Würde auch dieses nicht helfen, so wäre er Desperat. Am Beschluß bittet er, daß ihm eine Abschrift der Kurfürstl. Resolution mitgetheilt werden möchte, mit dem Anhang:

"Wenn mir solche Schreiben, nebst den
"Copien, zugeschickt werden, so will ich mich
"mit denselben nach Cleve "(wo sich der
"Marggraf aufhielt)", begeben, und von dannen nicht ziehen lebendig, ich wisse dann,
"woran ich seye."

Da der Hauptinnhalt des Schönburgischen Schreibens an den Vater ungefähr mit dem an den Sohn erlassenen übereinkommt, so könnte ich solches übergehen, wenn nicht einige Particularitäten des Brandenburgischen Betragens in dem zweiten Aufzug der Jülchischen Händel, oder bei der Clevischen Expedition darinn aufgedeckt würden.

Schönburg schickte also dem Kurfürsten die Marggräfliche Resolution und Zumuthung vom $\frac{1}{11}$ Sept. um daraus zu ersehen, wie unbillig man ihn behandle, und gleichsam seiner spotte. „Und „daß (fuhr er fort) meine Mißgönner mehr gelten, „als alle Ihrer Kurfürstl. Gnaden schriftliche und „mündliche Zusagen, und alle meine gute Dienst, „die ich in Darstreckung Leibs und Guts dem Kur= „hauß Brandenburg gethan ꝛc. In diesem „letzten Clevischen Krieg habe ich so oft dafür „gebethen, mich daraus zu lassen, weil ich gese= „hen die große Unordnungen, Irresolution, und „ganz keine Präparation und Verfassung, so der „Orten Brandenburgischer Seits gewesen, „unangesehen meiner vielfältigen schriftlichen und „mündlichen Erinnerung. Aber alles ist damit „beantwortet: ⁏⁏Es hat keine Noth.⁏⁏ Gott „weiß, wie es damit ist zugegangen, und wie „man die Occasion, die man hatte, wie Jülich „von den Staaten eingenommen, so schlecht nach= „läßig versäumet. Als die Gefahr dazumal am „höchsten, und jedermann seine Commission schon

Hans Meynhards v. Schönburg.

"hatte, da mußte ich auch, gegen mein Herz und
"Willen, werben, mit der Zusage, daß ich sollte
"die Werbung, Armirung thun, und den ersten
"Monat sollte herschießen. Daß man bei Fürstl.
"wahren Worten in 4 bis 5 Wochen mich wieder
"zahlen wollte, oder ich sollte die Herrschaft Bres-
"quensanden dafür einbehalten, den Rest, was
"sie werth wäre, herausgeben. Welches ich dann,
"zu Salvirung des jungen Prinzen Reputation,
"eingangen; aber 3 Wochen hernach ist Zeitung
"von Berlin kommen daß solches von Ihrer
"Kurfürstl. Gnaden schon anderwärts verschenkt
"wäre.

"Dieses ist die Summa Gelds, welche in
"Sr. Fürstl. Gnaden Schreiben der Kriegshin-
"terstand genennt wird, und da man mir die In-
"teressen von weigert. Es ist aber keine Besol-
"dung, oder verdient, sondern gelehnt Geld. Denn
"meine ganze Besoldung der 3 Monaten auf mei-
"nen Obristen, Rath und was dem anhängig, nur
"1500 fl. da doch die gelehnte Summa bis an
"13000 Ducaten sich erträgt. Jetzunder wollen
"Ihre Fürstl. Gnaden noch in diesem Schreiben
"mir meine Versicherung, so ich wegen dieser
"letzten Summa auf das Geschütz gehabt, nehmen,
"und auf die Rentmeisterey Huysen wechseln,
"sonder Interesse, welche mir ohne das schon ohne

"Exception verschrieben, und ich das gebührliche
"Interesse meines schon darauf habenden Capitals,
"sich 34000 Rthlr. belaufend, nicht erheben kann.
"Was ist mir dann eine dergleichen Verschrei-
"bung nuz? Es haben alle Gesandten bei der
"Tractation zu Zanten meine Schuld vor rich-
"tig, auch die da anwesende Landstände erkennt,
"und daß sie zur Defension Dero Landen aufge-
"wandt, wie auch daß mir Zuysen versetzt, ge-
"recht und billig geheißen. Die Staaten und
"Spanier haben meistentheils der Lande ein.
"Wenn die Staaten mit ihren Schulden, und
"andere Particuliere in Dero Landen ihre Schul-
"den fodern wollen, so ist ihnen Zuysen am näch-
"sten gelegen. Wenn ich alsdann nicht daselbst in
"Possession, so nehmen sie es ein, und werden
"es schwehrlich restituiren. So bin ich gar um
"das Meinige, wie auch wenn dieß Werk in die-
"sem Interim und Ungewißheit also noch 2 oder
"3 Jahre continuirt, und Ew. 2c. nicht anders
"dazu thun, so verliehren Sie die Lande darunter
"gar. — Ich will Ew. 2c. klar weisen, daß der
"Pfalzgraf durch seine Anhänger zu Cleve diese
"und dergleichen Sachen mehr dirigirt, und Ihre
"Fürstl. Gnaden, den Herrn Marggrafen Georg
"Wilhelm hindern, daß sie nicht dürfen mir hel-
"fen; also, daß es Ew. 2c. Nutzen und Vortheil

„nicht ist, sondern nur allein um Deroselben Cre=
„dit ganz zu nicht zu machen.„ ꝛc. ꝛc.

Diese Vorstellung bewirkte doch endlich ein geschärfteres Immissionsdecret vom 3. December an die Officianten zu Zuysen, dem Schönbur= gischen Bevollmächtigten anzugeloben, ihn als Pfandsherrn zu erkennen, und Niemand, als ihm, oder wen er dazu ernennen würde, die Intraden abfolgen zu lassen.

Schönburgs Vorhersagungen aber von den Folgen der vernachläßigten Verfassung in dieser Gegend giengen dermaßen in Erfüllung, daß noch zur Zeit des Westphälischen Friedens der große Kurfürst Friederich Wilhelm darunter zu lei= den, und Mühe hatte, wieder in den Besitz des= jenigen zu gelangen, was damals den besser gerü= steten Nachbarn halb freywillig, halb gezwungen, war eingeraumt worden.

Diese Verdrüßlichkeiten versüßte zum Theil unserm Helden eine besondere Ehre, welche ihm noch in eben diesem Jahr wiederfuhr, und, als ein Be= weiß des ausgebreiteten Ruhms seiner militäri= schen Talente nicht mit Stillschweigen übergangen werden darf.

Die Stadt Braunschweig, deren alte Händel mit den Herzogen bekannt sind, hatte näm= lich dem Herzog Friederich Ulrich die Huldi=

gung verſagt, und ihn dadurch veranlaßt, ſie zu belagern. Bei einem den 1. Sept. gethanen Ausfall nahmen ſie ihm ſeinen Obriſt, Michael Victor von Wiſtrow hinweg, ohne daß der Fürſt weiter etwas von ihm in Erfahrung bringen konnte. In dieſer Verlegenheit erſuchte er den König Chriſtian IV. von Dännemark, für ihn bei Kurfürſt Friederich V. zu Pfalz zu intercediren, daß dieſer ihm den Obriſt von Schönburg, als einen fürnehmen und verſtändigen Kriegsofficier, mit welchem der Herzog bei dieſen Händeln gedeihlich und erſprieslich verſehen ſeyn würde, auf eine kurze Zeit zukommen laſſen möchte.

Der König that ſolches in einem für unſern Oberſten ſehr rühmlichen Schreiben an den Kurfürſten. Dieſer ertheilte auch die Erlaubniß zur Uebernahm der Expedition, ſchien aber mehr zu einer gütlichen Vermittlung, als zu gewaltſamen Schritten, anzurathen.

Schönburg konnte zwar bei dieſer Belagerung nicht ſo lang verbleiben, bis die Stadt den 11. Nov. entſetzt wurde. Daß er ſich jedoch bei dieſer Gelegenheit auch um den Herrn, der ſich ihn ausgebeten hatte, merklich verdient gemacht habe, beweißt eine ſchriftliche Verehrung von 15000 Rthlrn., die ihm von genanntem Herzog Friederich Ulrich den 29. Sept. vor ſeiner Zurück-

reiſe

reise gemacht, auf die Kammer angewiesen, aber, wegen darauf eingebrochener noch betrübteren Zeiten, niemals bezahlt wurde.

Den kurzen Ueberrest seiner Tage brachte Schönburg zu Heydelberg zu, wo er schon im Jahr 1613 ein Haus, mit einem Garten, und zu solchem noch einige Nebengebäude und Plätze erkauft, von Kurfürst Friederich V. aber die Befreyung von allen bürgerlichen Lasten auf dasselbe, so lang es in seinen, oder seiner Erben Händen seyn würde, erlangt hatte. Diese Behausung, und den auf den Neckar stoßenden ansehnlichen Garten ließ er als ein Mann von Geschmack meubliren, und anlegen, hatte auch, wie seine Hausrechnungen zeigen, öfters das Glück, seinen gnädigsten Herrn darinn zu bewirthen.

Noch vor dem Ausgang des Jahrs 1615 verlohr unser Hans Meynhard von Schönburg seine Gemahlin durch den Tod in dem ersten Wochenbette, wo sie ihm den nachmals so berühmt gewordenen Marschall Friederich von Schönburg (oder wie ihn, nach der Französischen Aussprache, die meisten Schriftsteller nennen, Schomberg) geschenkt hatte.

Das schmerzhafte der Trennung einer kaum 9 Monate genossenen glücklichen Ehe, der Unmuth über das Planwidrige in den Kriegsoperationen damaliger Zeit, welcher für einen das Handwerk verstehenden Mann alle Beschreibung übertroffen haben muß, und der herznagende Gram, das Andenken seiner treuen Dienste an dem **Brandenburgischen** Hof, durch hinter seinem Rücken machinirende Neider, ausgelöscht zu sehen, untergruben seine Gesundheit. Eine im Sommer 1616 zu **Heydelberg** grassirende Dysenterie stürzte sie vollends zusammen, und machte den 3. August seinem so thätigen Leben, in einem Alter von nicht ganz 34 Jahren, ein Ende. *).

Da man eigentlich nur die letzte siebenjährige Periode rechnen, und nie vergessen darf, daß die bisherige Erzählung nur aus wenig übrig gebliebenen Fragmenten genommen ist: so wird man ohne Uebertreibung sagen können, daß Lebensläufe von gleicher Dauer und eben so viel Handlung selten angetroffen werden.

---

*) Hierdurch erhält auch der siebente Band des patriotischen Archivs eine kleine Berichtigung, woselbst in dem merkwürdigen geheimen Bericht von der Römischen Königswahl Ferdinands II. ꝛc. **Meynhard von Schönburg** noch einigemal, anstatt seiner Brüder, **Hans Ottens** und **Heinrich Dieterichs** (beide Kurpfälzische geheime Räthe) genannt wird. Er selbst war damals schon, wie sein Leichenredner prophetisch sagte, weggerafft vor dem Unglück.

Von der Hochachtung, welche unser Schönburg sich in seinem Vaterland erworben, zeugt das Einladungsprogramm der Universität zu Heydelberg an ihre Bürger zu seinem den 8. August gehaltenen Leichenbegängniß *); von seinem christlichen Wandel aber die bei der Beisetzung seines Leichnams in der H. Geists-Kirche daselbst von dem Kurfürstl. Hofkaplan, Nicol. Eccius, gehaltene, nicht panegyrische, sondern kernhafte und erbauliche Leichenrede.

Man erlaube mir von den leiden Schönburgs bei seinen Kriegsdiensten noch etwas nachzuholen.

Daß die Stelle eines Befehlshabers zu der damaligen Zeit, wo die ganze Kriegsverfassung in einer unaufhörlichen Abwechslung von Werben und Abdanken bestand, äußerst beschwerlich gewesen seyn müsse, versteht sich von selbst. Die Klagen der Länder, in deren Nachbarschaft ein solcher Haufen gesammelt, oder entlassen wurde, bestättigen zur Genüge, was es für eine Herkulische Arbeit gewesen seyn müsse, bei Soldaten die

---

*) Num. 8. Man ersieht daraus, daß von der Universität die nemliche Ehre auch seiner vorher verschiedenen Gemahlinn bei ihrer Beerdigung erwiesen worden.

ser Art, wenigstens so lange sie noch beisammen waren, Mannszucht zu unterhalten.

Allein ein Oberster bei der Union hatte noch überdieß seine eigene Qual an den Deputirten dieses Bundes, oder vielmehr an ihren Erinnerungen, wenn auf ihren Versammlungstagen Abrechnung gepflogen wurde.

Die Abgeordneten der Reichsstädte, lauter trefliche Doctoren der Rechte, zeichneten sich dabei vornehmlich aus, und waren unerschöpflich an Ausstellungen, wenn etwa eine Expedition mißlungen war, oder wenn sie nicht einsahen, daß etwas Gutes darauf erfolgt wäre, oder wenn sie glaubten, daß der Zug nur diesem, oder jenem von den Unirten, nicht aber jeden einzelnen Gliedern der Verbindung gefruchtet hätte.* Hier sollte man nicht nur die Ursache von allem angeben, sondern auch gleichsam für den Erfolg haften. Die Artillerie vorzüglich, als der kostbarste Artickel, war ihnen immer der größte Dorn in den Augen, und Schönburg mußte sich müde predigen, daß ohne sie das Kriegsvolk weder Angriffs- noch Vertheidigungsweise etwas ausrichten könnte.

Unter vielen treffenden, und sehr gelassenen Antworten unsers Obristen verdient folgende, die er auf eine Ausstellung dieser Art ertheilte, angefügt zu werden. „Die Intention (schrieb er) ist

„gut gewesen, und dem gemeinen Wesen zum
„Besten angesehen, und ist leicht zu wissen, wann
„ein Ding anzufangen, aber nicht, wann solches
„zu enden; sondern die Occasiones weisen den
„Weg, nach welchen allem sich das Kriegswesen
„reguliren muß: Sonst bestände desselben
„Fundament und Vortheil in deme, wel-
„cher seinem General die beste Instruk-
„tion geben könnte.„

Noch ein Wort zum Beschluß.

Vielleicht haben es einige Leser dieser Biographie zu ermüdend gefunden, daß sich mit den
Geldsachen unsers Helden so oft aufgehalten wurde.
Allein es ist belehrend und tröstlich, auch diesen
rechtschaffenen Mann mit heimlichen Feinten, ja
selbst mit denjenigen, von welchen er Dank zu
gewarten hatte, im ehrenvollen Kampf zu sehen:
und hierzu mußte doch die Veranlassung erzählt
werden. *)

*) Mit der Einlösungsgeschichte der versetzten Kleinodien,
und dem Verfolg dieser Geldhändel bis in das gegenwär-
tige Jahrhundert, wird der Leser billig verschont. Einen
Auszug aber aus den Inventarien dieses Schönburgs,
und seines Vaters Meynhards und eine Gegeneinanderstellung derselben, habe ich unter der Num. 9. anzuhän-
gen, mich nicht erwehren können. Den Beweggrund
dazu sagt die Einleitung dieser Beylage.

Wen hingegen dieser Umstand von Schönburgs Leben nicht von dieser Seite interessirt, den wird die Vergleichung der Verlegenheit Deutscher Fürsten damaliger Zeit um Kleinigkeiten mit der Kolossalischen Größe unserer heutigen Regenten, die Vergleichung eines Johann Sigismunds von Brandenburg, der seine ganze Artillerie in den Niederlanden an einen Privatmann verpfändete, mit seinen Nachfolgern Friederich dem Einzigen, oder Friederich Wilhelm dem Vielgeliebten schadlos halten.

Verzeichniß der Beylagen.

Num. 1). Beschreibung der Kleinodien, welche Pfalz-Neuburg in dem Jülchischen Krieg verpfändete.

Num. 2). Beschreibung eines kostbaren Halsbands, welches Kur-Brandenburg bey eben dieser Gelegenheit versetzte.

Num. 3). Hans Meynhards von Schönburg Vorstellung, als er zum Hofmeister bey dem Kurprinzen zu Pfalz berufen wurde.

Num. 4). Instruktion für den Hofmeister des Kurprinzen vom 1. Novembr. 1611.

Num. 5). Beytrag zur Geschichte des militärischen Oekonomie-Wesens.

Num. 6). Information ou Déduction des griefs des Electeurs, Princes & Etats Evangeliques, & ce qui s'est passé en ce sujet à la derniere diette de Ratisbonne.

Num. 7). Hans Meynhards von Schönburg Beschwehrungsschreiben an Marggraf Georg Wilhelm zu Brandenburg vom 1. August 1615.

Num. 8). Einladungs-Programm der Universität Heydelberg zur Leichenbegängniß Hans Meynhards von Schönburg.

Num. 9). Auszug aus den Inventarien Meynhards und Hans Meynhards von Schönburg.

I.
Beschreibung
der
Kleinodien,
welche Pfalz-Neuburg in dem Jülchischen Krieg verpfändete.

                                                      Rthlr. Baz.

Ein Kleinod mit einer überausgroſſen Diamant-Tafel, und einer anhangenden Perle, angeſchlagen auf — 7000 —

Ein Kleinod, worinn ein gar groſſer ſchöner Balais, und eine groſſe Diamant-Tafel, mit anhangender groſſer Perle. 7000 —

Noch eine Diamant-Tafel, mit einer anhangenden Perle.   700 —

Ein Huthband, worinn 12 Steinſtücke und 13 goldene Stücke aneinander gehängt, ſamt einer groſſen Diamant-Tafel, 2 Roſen und 9 Kreutzen von Diamanten.   1785 15

Ein gekrönter goldener Löwe, deſſen Halsband mit 3 Diamanten, 2 Rubinen, und 4 Perlen, und die Krone mit 2 Diamanten, 2 Rubinen und 8 Perlen besetzt war. Der Löwe hielt in den Vorderklauen das Pfälzische Wappen.

Eine goldene Kette, mit schwarz emaillirten Eschge, daran 9 dreyeckigte Posten, und an jeden Posten 3 Rubinen.

Neun Knöpfgen, auf jeden Knopf 5 Perlen, samt einer daran hangenden Birn, welche oben mit 3 Diamanten, und unten mit 3 Rubinen besetzt war. } 2360 —

Eine goldene Kette mit platten runden Masseln, blau emaillirt, mit 11 platten emaillirten Posten, worauf 8 Diamanten, und 10 Rubinkörner, samt einen Knopf mit 3 Diamanten, und 3 Rubinen, und einem anhangenden Kettgen mit blauen Knöpfgen.

Ein goldener Gürtel mit gestampften Masseln, worauf 215 Perlen.

Noch 19 goldene Ketten, Gürtel und ein paar Brasseletten.

18845 Rthl. 15 B.

Die letztern 6 Artickel wogen zusammen 11 Pfund 13⅞ Loth, und es wurde das Loth, ohne die Edelgesteine und Perlen, angeschlagen auf 9 Reichsgulden, zu 15 Batzen, oder 6 Rthlr. 9 Batzen, den Reichsthaler zu 21 Batzen gerechnet. Nur daß man anstatt 3452 Rthlr., so die Kleinodien, von Löwen an, betragen haben würden, die runde Summe von 2360 Reichsthalern setzte.

Man kann hieraus ersehen, wie hoch damals die Mark feinen Goldes geschätzt wurde, und daß das Unterpfand, welches sich, nach den in der Abhandlung nur zur ungefähren Belehrung der Leser angenommenen Fuß, auf 58200 Gulden heutigen Geldes belief, mit dem Anlehen von 52940 dergleichen Gulden in keinem übermäßigen Verhältniß stand.

II.
Beschreibung
des
Brandenburgischen Halsbands.

An Gold hat es gehalten 2 Mark 10 loth, thun zusammen 182 Kronen.

    Das Principal oder Mittelstück hielt:
- 2 grosse runde Perlen.
- 1 grossen Tafel-Diamanten.
- 1 spitzigen Diamant.
- 2 mittelmäßige Tafel-Diamanten.
- 1 Rubinkorn, Rubin Balais.
- 1 grossen Schmaragd.

    Das kleine Mittelstück:
- 1 grossen schönen Tafel-Diamanten.
- 1 spitzigen Diamant.
- 2 Diamant-Puncten, rautenweise geschnitten.
- 1 grossen Rubin.
- 2 grosse runde Perlen.
- 1 kleinen runden Schmaragd.

In dem einen Seitenstück waren versetzt:

1 grosser dicker Tafel-Diamant.
1 grosser Rubin.
10 mittelmässige dicke Diamanten; auf jeder Seite 5.
2 grosse runde Perlen.

Im andern Seiten-Stück:

2 grosse dicke Tafel-Diamanten.
1 grosser Rubin.
10 andere mittelmäsige Tafel-Diamanten; auf jeder Seite 5.
2 grosse runde Perlen.

Im dritten Seitenstück waren:

1 grosser dicker Tafel-Diamant.
1 grosser Rubin.
10 mittelmäsige Diamanten; auf jeder Seite 5.
2 grosse runde Perlen.

Im vierten Seiten-Stück befanden sich:

2 grosse dicke Tafel-Diamanten.
1 grosser Rubin.
10 mittelmäsige Tafel-Diamanten, und
2 grosse runde Perlen.

Alle darinn befindliche Edelgesteine waren untadelhafte, reine und perfecte Steine, auch die

Perlen rund und groß, und das Halsband von schöner Arbeit und Bildern.

Es wurde ein Abguß davon gemacht, und an den Kurfürstl. Hoflager zurück behalten.

Diesem allem ungeachtet wurde es von einem Juwelier in Cölln nicht höher als auf 4000 Rthlr. (oder ungefähr 12485 fl. unsers leichten Geldes) angeschlagen.

III.

Hans Meynhards von Schönburg
Vorstellung,
als er
zum Hofmeister bey dem Kurprinzen zu Pfalz
berufen wurde.

Wiewohl ich mich nicht qualificirt erkenne, einen solchen Herrn und Kurfürsten zu guberniren, sondern dieses Amts lieber wollte überhoben seyn, weilen es nicht meiner Profession, und ich niemals mir in Gedanken gezogen, dergestalt mich gebrauchen zu lassen, dadurch auch meinen Schaden thue, andere occasiones zurücksetzen muß, durch welche ich mich bekannt machen könnt, und was zu meiner Intention dienet, je mehr und mehr erkennen, zudem es auch ein sehr gefährliches Werk, so vieler Censur unterworfen, bei welchem selten Dank zu verdienen, auch keine rechte Instruction darauf kann gemacht werden; weilen man aber so unterschiedliche mal, mit vielem Remonstriren, was für Dienst ich dem ganzen Vaterland, und dem Hochlöbl. Hauß Kurpfalz thun könne, in mich gesetzet: so setze ich obige und andere noch mehr erhebliche Motiven zurück, vertraue, der Allmächtige werde dieß Werk regieren, und mir in dieser, wie in andern meinen Resolutionibus, die fürnehmlich allzeit dahin gangen, der Kur-Pfalz mit Leib und Gut zu dienen, Glück geben und gnädig beistehen; fürnehmlich weilen ich mich in diesen Beruf nicht gedrungen, oder mein Particular suche, sondern von unterschiedlichen darzu erfodert und mir anbefohlen; jedoch vertröstetermasen, daß ich nit gebunden, sondern meine Libertät ganz behalte, und in allen meinen fürfallenden Occasionen unaufgehalten seyn möge. Hergegen will ich mein äußerst Bestes thun, den mir übergebenen 12 Puncten nachzukommen, doch nicht, daß ich mich verobligiren wolle, solche zu effectuiren, oder daß ich den Herrn zwingen könne, auch für allem Unglück behüten, gesund aus- und also wieder nacher Hauß zu führen, Ihn in allen Sachen perfect zu machen :c. Dieses alles ist Gottes Werk. Aber ich will mein äußerstes Bestes thun, und sein Leben, da es möglich wäre, durch meinen Tod zu salviren, sorgfältig seyn; Ihrer Kurfürstl. Gnaden zu remonstriren, nicht laviren, sondern rund den guten und löblichsten Weg weisen, mit Anziehung der fürnehmsten Fürsten Exempel, was ästimirt, und was verachtet ist. Alles nach meinem besten Verstand, auch in allem, was die Zeit leiden mag, mich Befehls, Bescheids und Raths zu erholen.

Da gegen den Frühling Ihre Kurfürstl. Gnaden verreisen sollte, müßte eine absonderliche ausführliche Instruction gemacht werden, wie auf alle Fäll ich mich zu verhalten, im Reisen, Conversationen, auch wegen Deroselben Gesundheit, wie weit ich dem Præceptor oder Stallmeister zu befehlen, was für Personen mitziehen sollten, nach wem sich die zu reguliren? Dann da einer, deren sie wären, auch weß Stands sie wären, in Gegenwart Ihrer Kurfürstl. Gnaden mir viel contradiciren, disputiren, und meine Authorität nehmen wollten, oder da jemand anders, als zu rathen, und a part zu remonstriren, neben oder für mir sollte geordnet werden, so wollte ich viel lieber mit diesem Befelch anjetzo verschont bleiben, hingegen aber mich glücklich achten, und demüthig finden lassen, auch des Geringsten guten Rath zu folgen, auch einen jeden der Gebühr nach hiermit gebethen haben, da etwas ihm einfiele, dadurch der Zweck, nämlich des jungen Kurfürstens Bestes, gefördert, er wolle solches mich, und hernach an gehörigen Orten, erinnern: will ich mich nach Befinden gern accommodiren, und sein Wohlmeinen mit Dank annehmen, und nach Möglichkeit darnach reguliren. Hingegen aber, da ich der Welt Lauf,

Factionen und heimliches Miniren gegen mich spühren sollte, würde ich solches zu dulten nicht Patienz genug haben. Verhoffe aber man werde mir rund unter Augen gehen, und in billigen Sachen die Hand biethen, und dasjenige befördern helfen, so zu des jungen Kurfürsten Besten, und zu Beförderung Sr. Kurfürstl. Gnaden, wie auch meiner Reputation gereichen mag. In solcher Zuversicht, und da Niemand sich jetzo findet, so sich solcher Mühe unterfangen wollte, will ich mich gesetztermasen mit Gottes Hülf als fürnehmsten Directorn dieses Werks des ufgetragenen Befelchs unterfangen 2c.

IV.
Instruction
für
Hans Meynhard von Schönburg,
als Hofmeister des Kurprinzen zu Pfalz.

Wir Johannes von Gottes gnaden, Pfalzgraue bei Rhein, vormund vnd der Churf. Pfalz ꝛc. Administrator, Herzog in Baiern, Graue zu Veldenz vnd Sponheimb ꝛc. Thun kundt hiemit offenbar, daß Wir vnsern vnd der Chur-Pfalz ꝛc. bestelten Obristen Meinhardten von Schönberg ꝛc. neben der anbefohlenen inspection vber den Mannheimer Fortifications Bau, die Jhme auch hiemit nochmalß vfgetragen würt, zu deß Hochgebornen Fürst vnsers freundtlichen lieben Vetern und Pflegsohns Herrn Friderich Pfalzgrauen bey Rhein, Churfürsten, Herzogen in Bayern ꝛc. Hofmeister vff- vnd angenommen, thun es auch hiemit vnd in crafft diß, also und dergestalt, daß er S. lbt. zuvorderst zur ehr vndt furcht Gottes, welches der Weisheit anfang ist, sodann allen löblichen und sonderlich den Fürstl. personen, hochnöthigen, wohl anstehenden Tugenden, embsig und fleißig anweißen soll. Zu welchem endt er S. lb. vor allen Dingen da-

hin zu halten, daß sie sich im gebet gegen Gott, lesung
der heiligen schrift, widerholung vnd widereinbildung
dessen, so sie bei der institution deß catechismi,
gefasset. Anhörung der predigten, fleißig oben, vnd
sich daruff aller Fürstlichen Tugenden, guten sitten,
sanftmuth, in reden vnd geberden, gegen jedermen=
niglich, so wol frembden vnd außlendischen als
inheimbischen, befleißigen, hingegen aller Vntugen=
den vnd vngebührnuß mit worten vnd wercken,
als die sonderlich Fürstlichen personen vbel anste=
hen, enthalten, dieselbe fliehen vnd meiden, und zu
solchem endt ihre Lb. in guter Uebung beedes des
gemüths vnd Leibs erhalten werden, dergestalt, daß
sie nimmer ohne etwaß löblichen Vorhabens vnd
fürnehmens seyen, noch sich in schädlichen müßig=
gang, darauß allerhandt vbels entspringt, einlasse,
oder darzu gewöhne, dauon umb so viel mehr ab=
zuhalten, soll er fleiß anwenden, daß S. Lb. neben
dem es auch einem Fürsten zu thun vnd zu wissen
gebürt, in frembden Sprachen, wie auch in Ingeg-
nerie, Mathematicis, Rechnungen vnd dergleichen
wissenschafften, so zum Kriegswesen gehörig, ge=
vbt, vnd dahin angehalten werden, daß sie daßje=
nige, was sie allbereit in Geographicis vnd Histo-
ricis begriffen, nit in vergeß stelle, sondern auch in
diesem stück ie mehr und mehr zunehmen, vnd da=
mit S. Lb. desto mehr in allem gutem wesen und
wandel befestiget, soll er ihm mit allem treuen fleiß

F 2

angelegen sein laßen, daß sich S. ld. iederzeit guter erbewlicher und rhümblicher Conversation gebrauchen, hingegen aber alles nachtheiligen conuer-
sirens enteißern, Insonderheit aber soll er dahin
trachten, daß S. ld. sich mit freimbden außlendischen Nationes wohl umbzugehen, vnd vielmehr
derselben gunst vnd affection erlangen, alß sich
dieselbe widerig zu machen, oder von sich derselben
gemüther abzuwenden befleißigen. Vnd weilen
Ihre ld. allbereith angefangen, auch zu rhat zu gehen, auch solches fürters continuiren werden, soll er
mit Er. ld. alßdann den rhat ebenmeßig Besuchen.

Im fall sich zutrüge, daß S. ld. verreiseten,
vf welchen fall ein sonderbare instruction darzu gefertigt soll, oder sonsten nur ins feldt zögen vnd auß-
spazirten, soll er stettigs bei vnd vmb ihre ld. sein,
derselben iederzeit vleißig wahrnehmen, vnd sich mit
Dero, ohne noth in kein vergebliche gefahr, wagen oder
begeben, sondern sich wohl vorsehen, und beuorab
auch wohl in acht nehmen, vnd deßhalb sorgfeltig sein,
daß S. ld. im essen und trinken, an freimbden orten
sonderlich, nichts schädlichs etwan beybracht werde.

Die Junckern, Pages vnd gesindt (die an ihne
gewiesen werden sollen) hat er in guter ordnung vnd zu
fleißiger vffwartung, auch verrichtung ihres berufs zu
halten, darzu ihm auch in fürfallenden sachen, da es
nötig sein würt, die handt geboten werden soll.

Waß die Rechnungen, Einnamb, Außgaben

Hans Meynhards v. Schönburg.

vnd Rest betrifft, soll er oft vnd fleißig durchsehen, vnd wohl in acht nemmen, daß mit dem geldt trewlich vmbgegangen, vnd daßelbe, so viel dessen im vorrhat iederzeit ist, wohl verwahret werde. In summa Soll er S. ld. embsig dahin vermahnen, weisen vnd anhalten, daß dieselbe ihr vnsere wahre rechte Religion, vnd derselben, wie auch deß allgemeinen Vatterlandts teutscher nation ehr nuz vnd Bestes für allen Dingen eiffrig angelegen vnd Befohlen sein lasse. In welchem allen vnd jedem, vnd insgemein Sr. ld. vnsern vnd der Chur-Pfalz schaden vnd nachtheil zu warnen, frommen vnd Bestes zu befürdern, soll er sich wie wir daß vertrauen zu ihm hegen, vnd er sich in einer mit eigenen Handen geschriebenen vnd vnterzeichneten schrifft erclert, also verhalten vnd erweisen, wie einem ehrlichen trewen rittermeßigen Hoffmeister vnd Diener wohl anstehet vnd gebühret, gestalt er auch vnß, solchem allenthalben also vestiglich nachzukommen, einen leiblichen eyd geleistet. Welcher seiner getreuer Dienstverrichtungen wegen mit ihm dahin verglichen worden, daß ihm ihärlichs vf bis in neun Pferdt vnd darzu gehöriges notwendiges gesind, futter vnd mahl wie an diesem Churf. Hoff gebreuchig, gereicht werden soll. In Vhrkund dessen haben wir vnser Secret hiefür trucken lassen. So geschehen zu Nürnberg den 1. Nouemb. A. ic. 1611.   (L.S.)

V.
Unterhaltungskosten von 4000 Mann Englischer Infanterie

Den General über die 4000 Mann
  Für 4 Obristen, worunter der General mitbegriffen, jeden täglich 1 Pfund
4 Obrist-Lieutenants, jeden täglich 6 Schilling
Dem Kriegsschatzmeister für sich und seine Bedienten
Dem Commissair für sich und seine Schreiber
Einem General-Adjutanten
3 Majors, jeden täglich 5 Schilling
Einem General-Quartiermeister
Noch 3 Quartiermeistern, jeden 5 Schilling.
Dem General-Profosen à 6 Schilling mit 3 Reutern, jeder täglich 1½ Schilling
Noch 3 Staabsprofosen à 5 Schilling
Zwey Feldprediger, jeder täglich 5 Schilling.
Ein Kriegs-Raths Secretär.
Zwey Ammunitions- und Proviant-Commissärs à 9 Schilling 4 Pf.
8 Conducteurs zum Fuhrwesen à 2 Schilling.
1 General-Chirurgus à 5 Schill. mit 2 Staabs-Feldscherern, jeder 21 Pf.

im Jahr 1612. Jeden Monat zu
28 Tagen gerechnet.

Täglich.			Monatlich.			Jährlich.		
lb.	schill.	Pf.	lb.	schill.	Pf.	lb.	schill.	Pf.
5	—	—	140	—	—	1825	—	—
4	—	—	112	—	—	1460	—	—
1	4	—	33	12	—	438	—	—
1	6	8	37	6	8	486	13	4
—	13	4	18	13	4	243	6	8
—	6	—	8	8	—	109	10	—
—	15	—	21	—	—	273	15	—
—	6	—	8	8	—	109	10	—
—	15	—	21	—	—	273	15	—
—	10	6	14	14	—	191	12	6
—	15	—	21	—	—	273	15	—
—	10	—	14	—	—	182	10	—
—	3	9	5	5	—	68	8	9
—	18	8	26	2	8	340	13	4
—	16	—	22	8	—	292	—	—
—	8	6	11	18	—	155	2	6
18	8	5	515	15	8	6723	12	1

1 Wagen-Commissär à 5 Schill. und 3 Wagenmeister jeder à 3 Schilling.
1 Wagner.
1 Schmied.
150 Wagen à 6 Schill.
Abgang und Reparaturkosten an Gewehr und Geräthschaften.
Von hierüben.

Hierzu kommen 4000 Mann zu Fuß oder 40 Compagnien. Der Capitain von 100 Köpfen auf 4 Schilling täglich, der Lieutenant auf 2 Schilling, der Fähndrich auf 1½ Schilling, zwey Sergeanten, ein Tambour, und ein Compagnie-Feldscheerer jeder auf 1 Schilling täglich und 100 Mann, jeder täglich auf 8 Pf. gerechnet; beträgt für eine Compagnie täglich 3 Pfund 18 Schilling 2 Pf. also von 40 Compagnien

Summa —

Hans Meynhards v. Schönburg.

Täglich.			Monatlich.			Jährlich.		
fl.	schill.	Pf.	fl.	schill.	Pf.	fl.	schill.	Pf.
—	14	—	19	12	—	255	10	—
—	3	—	4	4	—	54	15	—
—	2	—	2	16	—	36	10	—
45	—	—	1260	—	—	16425	—	—
17	17	1	500	—	—	6516	15	5
18	8	5	515	15	8	6723	12	1
82	4	6	2302	7	8	30012	2	6
156	6	8	4377	6	8	57061	13	4
238	11	2	6679	14	4	87073	15	10

Unterhaltungskosten

von

2000 Mann Deutscher Infanterie

im Jahr 1612.

Jeder Monat zu 30 Tagen gerechnet.

Nach Brabandter Gulden.

	fl.
Der Obriste oder General	
Für seine Person monatlich	684
Für seinen Feldprediger	20
Seinen Secretär	20
Für den General-Chirurgus	40
Für den Tambour-Major	20
Für 12 Bedienten, welche nicht in die Musterung kommen, à 20 fl.	240
Für 2 Bagage-Wägen à 50 fl. 100	1124.
Der Staab, als	
Der Obrist-Lieutenant monatl.	250
Der Major, nebst Pferd und Bedienten	117
Der Regimensquartiermeister, nebst Pferd und Bedienten	70

	fl.		
Der Auditor deßgleichen	70		
Der Profoß zu Pferd	45		
Sein Lieutenant	27		
Für 6 Trabanten, jeder 12 fl.	72	651	1775

Bey jeder Compagnie
1 Hauptmann für seine Person 250
4 Bedienten, welche nicht in der
   Compagnie-Liste laufen à 12 fl. 48
1 Lieutenant mit einem Bedienten   85
1 Fähndrich desgleichen   70
3 Sergeanten zu 30 fl.   90
1 Capitain d'Armes   24
1 Secretär à 18 und Feld-
   scheerer à 22   40
3 Tambours à 14 und ein
   Pfeifer à 12   54
1 Profoß   12 | 673

   Macht auf 10 Compagnien   6730

Außer diesen Personen bestand
   eine Compagnie aus 6 Mann
   monatlich à 20 fl.   120
8 Mann zu 18 fl.   144
10 Mann zu 16 fl.   160
3 Corporals à 18 fl.   54
28 Mann zu 15 fl.   420

		fl.
55 Mann zu 14 fl.		770
73 Mann zu 12 fl. 10 Stüb.	912 fl. 10 Stüb.	
		2580 fl. 10 St.

Giebt auf 10 Compagnien 25805
Hierzu kommen noch zum Regiment
    4 Commissariats - Personen à
    60 fl.   -   -   -   240 fl.
Für jeden Hauptmann von 200
    Mann
  2 Bagage Wagen à 50 fl. oder
    auf 10 Compagnien - 1000
Ferner 20 Proviant- und Muni-
    tions-Wagen für das Regi-
    ment   -   -   - 1600   2840
    Hierüber stehende   8505

Summa monatl. Unterhalts 37150 fl.

Nach einer andern summarischen Berechnung war der Belauf der Unterhaltungskosten folgender:

                                  fl.
Für den General, und was zum
    Staab gehörig, monatlich   2400
Für die Handwerksleute, als
    Zimmerleute, Wagner   150

Hans Meynhards v. Schönburg.

	fl.	
Für 2000 Mann, halb Piquenier, halb Mußquetier	29666	15 St.
Für die Officiers 2c. zu den Compagnien	7000	
Für 45 dreyspännige Wagen, täglich 3 fl. also monatl.	3615	

Summa monatl. Unterhalts 42,831 fl. 15 St.

letzteres macht in der damahligen Währung, den Brabanter Gulden zu 9 Batzen gerechnet, 25,699 fl. Batzen, oder 34 Batzen auf einen Ducaten, 11,337 Ducaten. Also immer über 50000 fl. unsers leichten Geldes.

Aus der mit dem Kurpfälzischen geheimen Sigill bekräftigten, vom Pfalzgraf Johann aber, Namens Kurfürsten Friederichs IV. und für sich selbst, ingleichen von Marggrafen Joachim Ernst von Brandenburg, für sich und seinen Bruder Christian, wie auch von Herzog Johann Friederich zu Würtenberg und Fürst Christian von Anhalt eigenhändig unterschriebenen Bestallung des Obrists Hans Meynhards von Schönburg über ein Unions-Regiment von 2000 Mann hochteutscher Knecht, ist nachfolgende Solds-Berechnung gezogen:

fl.

Obristen Stab. (Nicht Staab.)
Erstlich dem Obristen zur Leib=Besoldung,

Stab und Vortheil monatlich	400
Auf einen Schreiber , ,	12
Auf einen Feldprediger , ,	12
Auf einen Feldscheerer , ,	18
Auf einen Trommelschlager ,	8
Auf einen Pfeifer , ,	8
Auf einen Wagen , ,	24
Auf 10 Personen, deß Obristen Diener, einem jeden 12 fl.	120 602 fl.

Stab der hohen Aemter.

Obrist=Lieutenant . , ,	150
Wachtmeister und einen Jungen	70
Regimentsschreiber ,	40
Quartiermeister und einen Jungen	40
Profosen , , ,	25
Drey Trabanten à 7 fl. ,	21
Drey Steckenknecht à 5 fl. ,	15 361.

963 fl.

Der Hauptleute Besoldung:

Dem Hauptmann , ,	150 fl.
Auf seine 4 Diener , ,	40
Dem Lieutenant , , ,	50

Hans Meynhards v. Schönburg.

	fl.	
Dem Fähndrich	30	
Feldwebel	20	
2 Rottmeistern à 15 fl.	30	
Capitain über das Gewehr	18	
Wäbel	18	
Musterschreiber	16	
Feldscheerer	16	
2 Trommelschlägern à 8 fl.	16	
2 Pfeifern à 8 fl.	16	420 fl.
Diese 18 Personen bey zehn Compagnien		4200 fl.

Besoldung der Soldaten soll seyn:

	fl.	
5 lange Spiesse mit Harnisch à 13 fl.	65 fl.	
15 zu 11 fl. monatlich	165	
15 zu 10 fl.	150	
15 zu 9 fl.	135	
25 zu 8 fl.	200	
25 zu 7 fl.	175	
5 Mußquetirer à 13 fl.	65	
15 dergleichen zu 11 fl. monatl.	165	
15 —— — 10 —	150	
15 —— — 9 —	135	
25 —— — 8 —	200	
25 —— — 7 —	175	1780

		fl.
10 Compagnien zu dergleichen 200 Mann	⸗ ⸗	17800
Von hierüben	⸗	963
Summa der Unterhaltungskosten des Regiments		22,963 fl. Batzen.

Man findet hierinn unter anderm den Unterschied gegen den vorhergehenden Plan, daß in dieser Bestallung die zu den Compagnien gehörige Personen nicht mit in der Zahl der Mannschaft begriffen waren, sondern jede Compagnie 100 Piquenier, und 100 Mußquetier vollzählig hatte. Uebrigens wenn man hinzuthut, daß dem Obristen hier noch 4000 fl. Laufgeld, und Werbungs-Unkosten, und 300 fl. für Anschaffung der 10 Fahnen ausgeworfen wurden, so kommt die Summe mit derjenigen ziemlich überein, welche bey dem Tractat zu Wesel mit England zum Grund gelegt zu ersehen war.

VI.

Information ou deduction des Griefs des Electeurs, Princes & Etats Euangeliques & ce qui s'est passé en ce suiet à la derniere Diette de Ratisbone.

Il est notoire à ceux, qui ont quelque connoissance des affaires d'Allemagne, que la plainte de griefs des Etats Euangeliques, n'est chose nouelle, ains qu'elle à esté faite quasi en toutes les Diettes Imperialles depuis trente ans en ça, & que tousiours l'on leur à donné esperance d'y vouloir effectuellement pourveoir & remedier. Mais quand la subuention volontaire à esté accordée, ils sont non seulement demeurez indeciz, ains ont esté de iour en iour augmentez & aggrauez. C'est pourquoy, comme l'on à remarqué par toutes les circonstances de cete Diette, mais particulierement en la proposition de sa Maiesté Imperiale, que la dite subvention etoit le principal but de cete assemblée, les dits Etats Evangeliques ont eu iuste raison de ne vouloir accorder la dite subvention, qu'ils n'eussent preallablement quelque foulagement & fatisfaction au fuiet des dits griefs; à cela d'auttant plus induits, que quand en la premiere feffion ils ont prefenté la deduction de leurs plaintes, l'on à recogneu que les Catholiques Romains ont voullu maintenir & etendre leur pretenduë pluralité des voix, (laquelle par le moyen des maifons d'Autriche & Bauiere auxquels les auttres prelats fe ioignent ordinairement ils peuuent tousiours obtenir) mesmes és points qui concernent la Religion, fubvention, & la liberté & franchifes des dits Etats Euangeliques, au moyen de quoy la meillieure partie les dits Electeurs Princes & Etats, les devanciers desquels ont acquis auec tant de peine cete liberté, pourroit etre priuéz par ce nombre des prelateaux toutes & quantes fois il leur fembleroit bon être de leurs Etats & falut entier, fe pratiquant au point de la dite fubvention ou contribution entre iceux Euangeliques & Catholiques Romains encores cete difference tresgrande & tres preiudiciable, qu'aux procez qui font intentéz pour le default du payement les dits Euangeliques font pourfuiuiz par execution du ban, & leurs heritiers fuiets à la perte de leurs pays, fuiets, & revenuz, la ou les prelats font feulement priuéz &

denuiéz de leurs dignitéz ou prelatures en femblable caz.

Il on plus eft il nouueau & inufité, que l'on n'aye voullu entrer en aucune confultation auec les auttres au parauant la moderation requife des dits griefs parce qu'en tout pays d'etat, il fe pratique immediatement des fubiets à l'endroit de leurs Princes, & à ce faire l'on efté d'autant plus occafionné pour les raifons enfuiuantes.

1) Parce que contre toutes les promeffes iufques à prefent faites, les dits griefs font demeuréz en arriere en toutes les Diettes precedentes, des auffi tot que l'on à mis en deliberation quelque autre point.

2) Parce que fa maiefté Imperiale en à donne fa parole aux dits Etats Euangeliques auant & depuis fon Election & couronnement, & que les griefs font tellement augmentéz & accreuz que l'on n'a peu les endurer, ou bailler de l'argent auparauant quelque moderation d'icelle.

3) Qu'eftant entre les griefs le principal, la pluralité des voix, ou maiora, moiennant le quel les Catholiques Romains peuuent de fait decider & conclure toutes les affaires, & par ainfi continuer à preffer & ruiner les dits Euan-

geliques, ils n'ont peu fe defaire & des barger de ce pefant fardeau par auttre voye que celle cy.

Or encores que tous les dits griefs propoféz & plaints des Etats Euangeliques foyent tres importants, & les preffent fort, ce non obftant l'on s'eft offert vouloir entrer en confultation de la propofition & mefmes du point de la contribution pourveu que l'on voullut feulement faire paroitre quelque volonté ou defir de fubleuer ou moderer à l'advenir les principaux des dicts griefs au cas que l'on n'en eut peu decider le tout en cete Diette.

Mais cela mesmes n'a efté tiré en confideration ains fa Maiefté à tousiours oy les Catholiques Romains leur contraires fur les requetes & Inftances faites des dits Euangeliques qui ont à leur advantage confeillé qu'il ne falloit confentir à icelles ains les contraindre de s'affujetir à la pluralité des voix, par des moyens & voyes afpres & rigoureufes & de la font enfuiuiz plufieurs decrets impofans aux dits Euangeliques d'affifter aux confultations, à quoy ils n'ont peu acquiefcer pour des confequences tres preiudiciables fus dits.

Entre les fusdits Griefs le plus important & qui confifte au pouuoir & és mains de fa

Maiesté est que les Conseillers de sa Court priuée entreprennent de iuger sans aucune distinction les Electeurs, Princes & Etats, & par ce moyen tous les anciennes constitutions de l'Empire, mesmes la Chambre Imperialle, laquelle les dits Electeurs Princes & Etats entretiennent auec tresgrande despence sont confusez & renuerséz. Et demeurent les dits Etats en cete sorte priuéz de leur privileges & de la premiere Instance : Il ny à aussi en la dite Court ou conseil priué aucune revision, comme de mesmes l'on n'y veult permettre aucune appel, soit à l'Empereur mieux informé, ou aux Etats, ains se pratique incontinent la publication du ban & execution, & quand l'on peut auoir le moien, ils en usent comme montre l'exemple de la ville de Donawerth, de maniere qu'un Electeur du saint Empire peut estre sur le simple procez intenté par quelques moines contre les anciens constitutions & ordonnances de l'Empire estre debouté de tous ses pays & suiets; & qui plus est les dits Conseillers pour la plus part sont partiaux & de la Religion Catholique Romaine, peu versez aux droits & constitutions, & aucuns non peu subjets aux corruptions cy deuant en Allemagne point usitéz, & par ainsi tel

G 3

Electeur du saint Empire Prince souuerain seroit de pire condition que ses propres suiets, qui ont leurs Instances & le benefice d'appel : En Bohemie les Etats ont leur assises, & en Austriche leur Jurisdiction de la Mareschaussé du pais, lesquels ne leur peuuent esté refuséz de leur Roy ou Prince : En France sont les parlements auxquels le Roy saisse le cours de la Justice interrompue. Et semblablement en l'Empire à esté etabli de gré & convention faite entre les Empereurs & les Etats une chambre Imperialle, de laquelle sa Maiesté mesme est le premier President quant il est sur les lieux y à seance en telle qualité & s'expedient tous les procez soubs le nom & seel de sa Maiesté. Et par ce moyen icelle à en l'Empire la Jurisdiction sur les Etats, qu'elle peut exercer, sauf en certains caz reseruéz en l'ordonnance de la dite Chambre Imperiale : C'est donques une pure calomnie que par ces procedures l'on veuille empescher sa Jurisdiction & par ainsi arracher à l'Empereur sa Couronne & sceptre, quand l'on ne veult consentir l'administration partialle de la Justice du conseil de la court de sa Maiesté rendente à la ruine & perte des Euangeliques : De mesmes est ce une calomnie de dire, que les Etats Euangeliques ne veullent souffrir aucun iuge en leurs caufes, que l'on leur etabliffe & ordonne un Juge & droit non partial felon les couftummes anciennes de l'Empire, & les ordonnances de la Chambre Imperiale ils s'y furmetteront de bon gré, que l'on reforme la Chambre comme il appartient, & que fa Maiefté procede aux caz referuez comme ont fait fes prædeceffeurs, Empereurs cy deuant, les dits Euangeliques ne feront non plus refuz d'obeir à telle juftice non partielle.

Mais le Roy de France & aultres potentats voifins & anciens alliéz ont affes peu remarquer les procedures dont à ufe à la court de l'Empereur contre les Princes poffedans comme de fait cete procedure leur à donne mefme occafion de fecourir les caufes.

Les dits Etats Euangeliques ont procedé aux points des griefs fusdits auec telle moderation, que finalement l'on à feulement requis une fufpenfion & furceance de femblables præiudiciables Procéz iusques à la Diette prochaine, ou que par compofition & voye amiable l'on en fut convenu particulierement au fait du Marquis de Baden, d'Aix la chapelle & femblables, lesquels venants à eftre mifes en execution pourroient facilement caufer des emotions & troubles en l'Empire & le tout pour conferuer le repos & la paix de la Germanie esviter la continuation des deffiances & par ainsi une guerre ou effusion du sang, moiennant laquelle suspension l'on à offert aussi d'entendre auec les aultres à la subvention & au secours demandé.

Mais non obstant toutes ces submissions l'on n'a peu obtenir en la dite Dietre le moindre point, ains d'autant que les dits Catholiques Romains ont remarqué, que par la voye de cez procéz de la Court ils peuuent soubs couleur & pretexte de Justice entierement ruiner les Euangeliques ils se sont aussi opiniatréz à les maintenir & aprouuer comme de fait l'on à eu aduis de bonne part qu'ils ont esté confirméz à Rome & en Espagne en ce desseins comme tres propre à incommoder & mettre en peine voire ruiner les dits Princes Euangeliques sans guerre ouuerte & soubs pretexte de Justice qui est un des principales bases & calomnes de la monarchie si long temps affectée d'Espagne, laquelle comme les exemples tesmoignent à tousiours l'aye les anciens droits & priuileges que les Electeurs & Princes ont de si long temps si vaillament conseruée, ce qui se peut assez clairement connoitre, en ce que durant les feu Empereurs Ferdinand & Maximilian second comme aussi de Rudolphe n'a gueres decedé lors qu'on à laiſſé lieu à l'equilibre ſans ſe pancher trop d'un coſte on d'aultre, ſemblables procez n'ont point eſté practiquéz, iusques à ce que le conſeil de ſa Maieſté s'eſt laiſſée aller parle directoire & regime du Pape & d'Eſpagne.

Ce qui demontre aſſéz que les Euangeliquez ne s'oppoſent en aucune façon à l'Empereur, mais à ceux de conſeil qui dependent par trop d'Eſpagne & des Etats Catholiques Romains déſquels ils ne peuuent eſperer aucune Juſtice ou droit.

Comme de fait la ville libre Imperialle & Euangelique de Donawehrt à eſté par ſemblables precipitez inuſitez & partiaulx procez arraché de l'Empire & contre tout droit mis entre les mains de Bauiere, qui la priuée de la Religion Evangelique & introduit la pretendue Catholique Romaine; puis donc que le feu Empereur Rudolphe à recogneu luy meſme cete iniquité, ſa Maieſté à promis par Reſcript aux uniz auſſi en l'année 1609 la pleniere reſtitution de la dite ville ſans aucune limitation ou reſerues, la dite reſtitution à eſté requiſe auec bon fondement en cete derniere Diette, & encores que ſa Maieſté à preſent regnante aye donné pareillement ſa parolle, cela s'est passé en tellé façon qu'il à esté aisé de voir son intention estre de la restituer seulement à l'Empire en l'etat, qu'elle l'auroit trouuée, & que non obstant les Euangeliques refonderoyent les frais de l'Execution au Duc de Baviere, contre les protestations qu'on à tousiours faites. & par la en effet les dits Euangeliques n'obtiendroyent rien pour le regard de la Religion, & s'il leur falloit oultre cela paier quelque chose des frais de l'execution, ils approuueroient de fait les procez contre lesquels iusques à present ils ont tant de fois ainsi que dit est protestez.

L'on à supplié que les griefs touchant la chambre Imperialle & les aultres fussent ensemblement remises pour en estre traité & convenu entre les Etats de l'une & l'autre religion.

Que de mesme les differents & griefs que l'on à demellir auec les Etats pretenduz Catholiques Romains pour les Eueschez, benefices & Cloistres fussent semblablement traitéz par conference amiable. Mais ils n'y ont voullu entendre n'y preter l'oreille à aucune composition iusque à la, qu'ils se sont vantéz d'y vouloir coucher leur reste & mettre tout sur l'extremité auanque de ceder quelque chose aux

dits Etats Euangeliques, ou leur laisser les dits
Eueschez, Benefices & Cloistres dont ils ont la
possession de si longue main: l'on à en oultre
peu remarquer assez euidement par les discours
& escripts, qu'aucuns Conseillers des Electeurs
Ecclesiastiques ont faits, comme de mesme en
tous leurs actions desesperéz & menasses ani-
mées qu'ils n'ont peu cacher en la dite Diette,
qu'ils ont desseins de proceder avec la violence
es dits affaires des biens Ecclesiastiques, &
iaçoit qu'ils se vantent en cecy de quelque ap-
parence, à cause de la paix etablie sur le fait
de la Religion, & qu'il ne seroit raisonable qu'en
telles affaires la Justice & droit leur seroit de-
mié, si est ce que la verite de fait se comporte
comme s'en suiet.

Que les dits Euangeliques se fondent pareillement & plus qu'eux sur la dite paix de la
Religion, premierement parce qu'icelle per-
met à un chascun la reformation de la Religion
en ces pays, & par ainsi es Eueschez & Cloistres. 2) Que partant selon la raison les dits
Ecclesiastiques ne peuuent ny doibuent par la
pluralité de la voix interpreter les dits articles,
ou estre iugez en leur cause propre. 3) Que
la dite paix de la religion à esté etablie comme
ils confessent mesmes, seulement sur les con-

trouerſes des Etats de l'Empire & par ainſi d'aultres Eccleſiaſtiques, qui ne ſont pas Etats de l'Empire ne peuuent pretendre aucune action en vertu d'icelle. 4) Que les dits Euangeliques n'entendent d'oſter ou diminuer quelque choſe aux dits Eccleſiaſtiques contre le dit Edict de la paix, ains pluſtot s'offrent de les maintenir & laiſſer en la iouiſſance libre de leur dits Archeueſchez, Eueſchez & benefices comme auſſi de leur permettre & laiſſer à l'advenir les rentes & revenuz ainſi qu'ils les ont iouis iusque à preſent. 5) Qu'es Archeueſchéz & Eueſchez du pays de Saxe ou le chapitre eſt de la Religion Euangelique pour la plus part peut eslire ou poſtuler un Prince Euangelique le fait ſe comporte tout aultrement, que les dits Eccleſiaſtiques publient & mettent en auant, parce que ſur ce ſubiet il ne ſe trouue aucune prohibition ou deffenſe contraire au dit Edict de la Religion & ne peuuent les dicts Euangeliques au regard du Pape (que les dicts Etats Catholiques ont pour ſeul obiet) rien cedder. 6) Qu'aduenant que ſelon l'opinion des dicts Eccleſiaſtiques ils d'euſſent reſtituer les Cloiſtres reforméz & fruits reçeus depuis l'an 1552. la pluspart feroit contraint d'y foncer tout leur bien, & encore que l'on quitat la reſtitution des dicts fruits reçeuz ils ſeroient contraints neantmoins de reinſtaller les probſtres, moynes & religieuſes en leur pays, & remettre par ainſi la religion papiſtique à la ruine ou Inuerſion totalle de leur ordre profeſſion Euangelique, choſe que de longue mains les Jeſuites ont taſché de mettre en practique pour s'etablir par toute l'Allemagne.

7) Que les dicts Catholiques Romains peuuent iouir de leurs benefices rentez & rentes & revenuz ſans aucun empechement, & par ainſi n'ont à craindre aucune violence ou troubles en leurs Etats. Mais s'ils ne ſe veullent contenter de l'Etat auquel ils ſe trouuent maintenant & entreprendre & attenter de ſorte meſmes ſur les benefices, Abbayes & Cloiſtres que les dits Euangeliques ont de ſi long temps en paiſible poſſeſſion, les dits Euangeliques ne pourroyent eſtre blaſméz, ſi par iuſte & legitime defence ils s'oppoſent à telles violences & voies de fait.

Et affin qu'un chaſcun meſmes ſa Maieſté Imperialle puiſſe tant plus evidement reconnoiſtre la moderation des dits Euangeliques en effet, l'on a pluſieurs fois requis que telles & ſemblables differents qui pourroient eſtre entre les dits Catholiques & eux fuſſent remis cy apres ou bien à la prochaine Diette en deliberation pour en traiter & conuenir. Et combien que sa dite Maiesté aye ordonné à Spire vers les pasques prochaines une assemblée à cet effet, l'on n'a toutes fois peu auoir cete declaration par escript, moins encores, que les points que sa Maiesté à fait proposer par l'interposition de l'Archeduc Maximilian fussent inserréz au resultat de cete Diette, d'autant que les dits Ecclesiastiques n'y veullent entendre, ains demeurent ferme en leurs resolutions extremes, de sorte que le seul point de la contribution à esté couché au dit resultat, & tout le reste reculé, lequel point de contribution à leurs advantage ils ont publié en tels termes comme si tous l'auoyent unaniment accordéz.

Puis donc que l'on à procedé auec les Etats Euangeliques si nullement & captieusement, ils ont esté occasionnéz de protester le dit resultat. Mais ce non obstant l'on offert à sa Maiesté de vouloir entretenir la paix, sur quoy elle à permise aux Ambassadeurs des dits Electeurs Princes & Etats de retourner à la maison & en faire relation à leurs princes & supérieurs.

Il est aussi souuent advenu, que les Etats ne sont pas accordez en un resultat, comme tesmoignent plusieurs exemples de l'an 1427. jusque à maintenant que les villes Imperialles n'ont point voulu se soubmettre au secours ou à la contribution accordée par les Electeurs & Princes, ains au contraire sont departiz sans signer ou sceler le dit resultat: pourquoy donc maintenant le mesme ne sera-t-il permis à une si notable partye des Electeurs & Princes ioints aux dits villes.

La separation au college Electoral à esté commencée par les Electeurs Ecclesiastiques, & non les Euangeliques, car s'etant sur la question de la session de l'Archeuesque de Magdenburg, l'Archeuesque de Saltzburg leué du plein conseil de l'Empire les Electeurs Ecclesiastiques tous l'ont suiuy & se sont absentez du dit conseil un espace du temps & l'an 1609. quelques Electeurs en petit nombre ont entreprins de traiter choses appartenantes au college total. Et maintenant en ceste presente Diette les trois Electeurs Ecclesiastices ont separement traité aucuns differents de la session en forcluant les Ambassadeurs des Electeurs seculiers: la chancellerie de Mayence à introduit aussi des novations cy deuant inusitéz & ne s'est iamais veu qu'au college Electoral l'on n'aye ainſi procedé iceluy n'eſtant entier: & ce non obſtant ces Meſſieurs les Eccleſiaſtiques chargent les Euangeliques de tout le tord & des desordres, par ainſi il eſt raiſonable que l'autre partie ſoit auſſi oye, & alors ſe trouuera le neud de la matiere ſi les dits Euangeliques auroient la pluralité des voix en leur mains, les Catholiques Romains parleroient tout d'une aultre façon qu'ils font maintenant, comme de fait aux cercles ou ils n'ont cet advantage ils proteſtent contre la dite maiorité & ne les veullent permettre, mais ce qui leur eſt licite ne doibt eſtre permis aux Euangeliques & par ainſi le pauure agneau a touſiours troublé l'eau au loup.

Hans

VII.

Hans Meynhards von Schönburg
Beschwehrungsschreiben
an

Marggraf Georg Wilhelm zu Brandenburg

vom 1ten August 1615.

Ich habe Ew. ꝛc. gnädige Declaration wegen Huysen, und der eingelegten Garnison empfangen, und verstanden, daß es mir zum Guten gemeint sey; wiewohl doch die Art des Einzugs in das Hauß etwas seltsam. Weil aber an denselbigen Orten, wie jedermann bewußt, keine Garnison vonnöthen, und von Ew. ꝛc. wie auch Prinz Moritzen mündlich und schriftlich ist zugesagt, kein ander Volk darein zu legen: Also bitte ich Ew. ꝛc. unterthänig, solche Garnison, sobald immer möglich, an einen andern Ort zu transferiren und logiren. Anlangend die Attestationschrift meines Verhaltens an Dero Herrn Vatern, so Sie auf mein unterthänig Begehren gethan, habe ich solche

H

Copey empfangen, und mit Verwundern gelesen. Sobald ich zu Ew. ꝛc. kommen kann, will ich Ihr solche Copey zeigen, und hören, womit ich solches verursacht, und darauf mich also purgiren, daß Ew. ꝛc. klar sehen werden, daß sie unrecht informirt seyn, und will jederzeit mainteniren, daß von Anfang her des Gülchischen Kriegs biß uf diese Stund Niemand in meiner Faction Kur-Brandenburg treulicher gedient hat, als ich.

Man examinire aller Obristen Dero Volks Procediren, wie ich mich in während der Gülchischen Belagerung gehalten, und menagirt, mein Geld in der großen Noth verschossen, da Marggraf Ernsts Fürstliche Gnaden nicht 100 Thaler hatten.

Wie Prinz Moritz mit dem Lager ankommen, hab ich dem Herrn Grafen von Solms, dem Obrist Craften, und Ihr Fürstl. Gnaden selbst Geld gelehnt, nur in das Lager zu ziehen; das Geschütz zu Wesel geholt, in das Lager geführt, daselbst unterhalten, die Approchen bezalt, und geleitet. Alles, was ich habe denken können, das zu Kur-Brandenburg Diensten, Nutzen, Vortheil und Reputation wäre, hab ich bestes Vermögens avancirt: wie ich mit Gott bezeugen will. Für das Gou-

vernement zu Gülch, für die Approchen, für die
Direction im Kriegsrath, so ich eine zeitlang versehen, und jedermann offenbiren müssen, habe ich
keine Besoldung gehabt. Die Union hat mein
Regiment bezalt. Was habe ich dann mehr gehabt, als 300 Thlr. monatlich davon ich meinen
Vicegouverneur zu Düsseldorf, Pferd und Gesind
erhalten müssen? Hernach auf Avis Prinz Moritzen, des Marggrafen von Anspach, Fürst Christians von Anhalt, und Ihro Kurfürstl. Durch-
laucht und Dero Räthe habe ich die Officier und
100 Soldaten zu Wesel unterhalten, wie Ew. ꝛc.
gesehen, und leicht nachrechnen können, was mein
Vortheil gewesen, und wie lang ich mein vorgeschossen Geld gemangelt, und mich fast dadurch ins
Verderben gesetzt. Daß es nicht mehr genutzet,
ist meine Schuld nicht gewesen. Da keine Resolution ist, etwas zu thun, da hilft auch
kein Geschütz. Was Unrecht hab ich seither
gethan? Hab ich nicht in England, Frankreich,
Niederland und Deutschland nach allem meinem
Vermögen Kur-Brandenburgs Reputation, und
Nutzen mit aller Treue und Eifer sollicitirt, und
in Acht genommen? Wie alles Ew. ꝛc. fürnehmsten Dienern bewußt ist, wenn sie allein sonder
Passion, nach ihrem Gewissen sprechen wollen.
Mit allem diesem sind Ew. ꝛc. vor diesem wohl

zufrieden gewesen, mir so oftermal, wie auch Dero Herr Vater, Recompensen zugesagt. Was hab ich dann seither gethan? Ew. ꝛc. suchen auf die Schreiben, so Sie an mich mit eigenen Handen, und durch Secretarien, und durch den von der Borch, aus Dero Befehl gethan. Darinn werden Sie finden, daß ich mich nicht zur letzten Desordre oder Occasion gedrungen, sondern ganz unterthänig gebethen, mich zu verschonen. Der Eifer aber, Ew. ꝛc. gleichwie in der ersten Occasion zu dienen, und nicht die Werbung eines Regiments, dann ich solches niemals annehmen wollen, hat mich fortgetrieben, allhier meinen gnädigsten Herrn, und meine Charge quittirt, die 15000 Rthlr. auf Ihro Fürstl. Gnaden so mannigfaltige Zusag verschossen, über alles vorige mein Regiment sonder Musteroder Sammelplatz gemustert, auf meine Kosten, und den folgenden Tag alsbald in das Lager geführt, mich bei dasselbe campirt, von dem Meinigen gelebt.

Nachdem ich alles gethan, mein Geld verschossen, Bezalung für meine Soldaten sollicitirt, sowohl zu Erhaltung Ew. ꝛc. Reputation in seiner ersten Occasion, als meines Credits, so ich bei den Soldaten gehabt, so legt man dasselbe jetzunder so aus, und schreibt, daß ich wegen Besoldung und meiner Versicherung in Ew. ꝛc. zu hart gedrungen. Ew. ꝛc. wollen doch bedenken, was Versicherung sie mir gethan, mit Breßkensand, hernach mit dem Geschütz, und ob ich wohl soviel Besoldung gehabt, als bei der Union bräuchlich? Was mein Verreisen anlangt, bin ich durch Königl. Majestät aus England expresse Schreiben dazu gezwungen worden, und habe von Ew. ꝛc. nicht mehr als 100 Rthlr. zur Reise empfangen. Wegen der Abdankung der Compagnie zu Pferd, wie auch wegen des Regiments, item wegen Bezalungsversicherung und Abfertigung, ob ich nicht deßwegen mich hochlöblich gegen Gott und jedermänniglich zu beklagen hätte, laß ich jeden Unpartheyischen judiciren, ob ich nicht Reputation und meine Wohlfahrt in dem Dienst hazardirt habe. Hab ich dann verdient ein solch Zeugniß bey Dero Herrn Vatern, und ein solch Recompens? Vor Gott und der Welt geschieht mir Unrecht, und ist zu sehen aus den Verschreibungen, ob mir ist gehalten worden, was mir ist zugesagt. Ich bitte allein unterthänig zwei Dinge, damit jedermann sehen möge, daß Ew. ꝛc. mich gleich als einen Cavallier, der ehrlich gedient, und alles bei Ew. ꝛc. auf Dero Wort und Hand zugesetzt, hart tractiren wollen, 1) daß Sie mir mit allen Appertinenzien mein Unterpfand wollen einraumen, mich dahin zu retiriren, und zu wohnen, den Trost anderswohin transportiren, wie Ew. ꝛc. mir zugesagt, bei erster Gelegenheit zu thun, und den Offizier daselbst anweisen, daß ich mich in Einnehmen der Renten handhaben, und solche richtig geniesen könne, bis zur völligen Abzalung; oder 2) mir zu Bezalung und andern Unterpfanden, so ich sicher und richtig geniesen könne, verhelfen, denn ich von meinen Renten leben muß, und ist diese Manier mein äußerst Verderben ꝛc. ꝛc.

VIII.

Rector Academiæ Heidelbergensis omnibus eiusdem Iuridictioni subiectis S.

Fortuna & vita hominis vitrea est, cum maxime splendet, frangitur facillime. Jure igitur merito, etiam Varronis tempore Latinorum dicebatur proverbio, Homo Bulla. Et passim sacræ literæ hominem appellant, Carnem, quæ quantumvis laute pasta & curata, splendideque ornata, instar foeni & floris caduci, solo diuinis spiritus nutu & afflatu languescit, marcessit & contabescit. Theoriam hanc quotidiana confirmat praxis. Quæ nunc eò est, proh dolor, frequentior, quo magis niualescit & gliscit, pluresque absumit epidemius & dysentericus morbus. Nihilominus ita homines sumus, vt in huius doctrinæ veritate Ethnicorum dictis, diuinis oraculis, rerum ipsarum testimonys conuicti, ægrè nobis rem sic se habere & ad nos pertinere persuadeamus. Hinc non tanquam ex domo, sed tanquam ex hospitio migrandum esse, & quod

Cato apud M. Tullium afferebat, commorandi naturam diuerforium nobis, non habitandi locum dediffe, mortemque omni hominum ætati & dignitati effe communem. Cæteris humanæ fragilitatis & mortalis conditionis haud vulgaribus Documentis accenfendum eft illud, quod nuper admodum in Magnifico & Nobiliffimo viro Domino Meinhardo a Schönberg Deus nobis pofuit exemplum, multorum opinione paradoxum. Natus eft is Nobiliffimis & honeftiffimis parentibus patre Meinhardo a Schönberg, qui quondam Principibus & Electoribus Palatinis a Confilys fuit, Duci Joanni Cafimiro opprime clarus, cui ftrenuam & fidam, ab eo in expeditione Gallica conftitutus militiæ Marafchallus nauauit operam; Matre vero Dorothea Riedtefselin von Bellersheim Nobiliffima & honeftiffima matrona, quam filius, turbato mortalitatis ordine, fuperftitem reliquit. Puer literarum rudimentis imbutus, mox animum ad rei militaris, quam fpirabat, ftudium adiecit, in illoque ita profecit, vt non folum ordines cluceret, fed etiam fummum in arte militari Magifterium confequeretur. Magnæ Britanniæ, Franciæ, & Hiberniæ Rex, Romanique Impery Principes, Comites & Ciuitates in grauiffimis rebus &

Hans Meynhards v. Schönburg.

negotys consilium ab eo expetiuerunt, eiusque operam conduxerunt. A Cæsarea Maiestate in nuperis Comitys Francofurtensibus ordini equestri solemniter, est adscriptus. Sereniſſimus noster Princeps non solum arcano eius consilio est vsus, sed etiam Prætorio eum præfecit, & chariſſimum habuit; nihil denique in triplici bonorum genere, animi corporis fortunæ videbatur ei deeſſe. Animum geſſit magnum & celsum, cui corporis figura & constitutio respondebat. Neque honores & facultates deerant. Sed heu, ſummis est negatum cliu stare. Xerxi inter alia, quæ ei consulebat apud Herodotum Attabanus, etiam hec suggerebat, φιλέει ὁ Θεὸς τὰ ὑπερέχοντα πάντα κολύειν ἰδ᾽ ἐᾷ φαντάζεαϑ. Fecit autem Deus, vt in Nobiliſſimo hoc viro, tanta fortunæ splendor potius desineret quam deficeret. Dyſenteria enim corporis eius vires ita eneruauit & fregit, vt superuenienti Catarrho suffocatiuo resistere non poſſent. Armis igitur hactenus inuictus & indomitus, morbi violentia superatus, placide & ingenua peccatorum, & in vera Christi agnitione diem suum, tertium huius menſis. Anno ætatis trigesimo quarto, obyt. Funus ei hodie fiet hora secunda pomeridiana, exiis, quas inhabitauit in subvrbio ædibus efferendum. Quemadmodum ergo sub finem anni superioris Generosæ & nobilissimæ eius vxori funebrem honorem habuimus: eodem modo & animo ad Nobilissimi mariti honorificam frequentem, & solennem funeris deductionem omnes ordinis & Jurisdictionis nostræ homines atque ciues hortamur, & inviramus serio. Valete P. P. VIII. Augusti Anno cIɔIɔCXVI.

IX.
Auszug
aus den Inventarien
Meynhards und Hans Meynhards von Schönburg,
und Gegeneinanderstellung derselben.

Inventarien berühmter Personen aus den vormahligen Zeiten, wo der Geist der Nachahmung noch nicht alle Menschen aus den höhern und mittlern Ständen in die heutige scheinbare Aehnlichkeit zusammengeknetet hatte, sind in meinen Augen brauchbare Urkunden sowohl zur Schilderung der Besitzer der beschriebenen Stücke, als der Zeiten, in welchen sie gelebt haben. Sie gewähren uns wenigstens eben das Vergnügen, welches uns der Anblick alter Zeughäuser oder der sogenannten Schatzkammern auf Reisen schenkt, und dienen dazu, uns die Geschichte gleichsam anschaulicher zu machen.

In der Hofnung, gleichdenkende Liebhaber anzutreffen, will ich mir die Mühe geben, die Inventarien Meynhards, und Hans Meynhards von Schönburg, Vaters und Sohns; beyde reiche und angesehene Männer, deren Reliquien auch noch bey der Nachwelt einigen Werth haben, hier auszuziehen, und mit einander zu vergleichen. Das eine ist im Jahr 1598 und das andere im Jahr 1616 gefertigt, und dieses geringen Zeitzwischenraums von 18 Jahren ungeachtet, wird man eine auffallende Verschiedenheit bemerken. Doch ich will den Leser in seinen Beobachtungen nicht vorgreifen.

Unbewegliche Güter, und was dahin gerechnet wird, gehören nicht hieher, aber

Gült- oder Capital-Briefe und Baarschaft. Meinhard, der Vater hinterließ an jenen 10,500 Goldgulden,

160 Königsthaler,

1300 Reichsthaler, und

88,489 Gulden Batzen.

An dieser

21,714 Gulden Batzen *): welches zusammen,

---

*) Den Freunden der Münzkunde zu Gefallen will ich hier den Anschlag einiger Münz-Sorten im Jahr 1598 bemerken. Eine gedoppelte Spanische Ducate mit 2 Köpfen, 64 Batzen. (Salzburger gedoppelte nur 60 bis 63 Batzen). Eine gedoppelte Pistolette 54 Batzen. Eine Rosenoble 4 fl. 10 Batzen. Ein Reichsgulden spec. 15 Batzen. Ein Rthlr. spec. 20 Batzen. Ein Königsthaler spec. 1 1/2 fl. Eine Sonnenkrone 28 Batzen. Ein Portuga-

Hans Meynhards v. Schönburg.

nach einer nur ungefähren Reduktion auf heutige Münze im 24 Guldenfuß, gegen 300000 fl. betragen würde. Die Schuldner waren zum wenigsten Theil Privatpersonen, sondern meistens Kur- und Fürsten, Grafen, Freyherrn, Reichs- und andere Städte, und Gemeinden.

Die Erbschaft gieng in fünf Theile, und Hans Meynhard, der Sohn, hinterließ jedoch an Gültbriefen

85,888 Brabanter Gulden, (nehmlich die Pfalz-Neuburgische und Kurbrandenburgische Anlehne)

15,000 Reichsthalern, (nehmlich die Braunschweigische Schenkung)

500 Pfund Sterling, und ungefähr

4000 Gulden Batzen; an Baarschaft hingegen nur

4500 Gulden Batzen: oder zusammen über 185000 unserer heutigen leichten Gulden.

Das Silbergeräth

war bey dem Vater sehr unbedeutend, und bestand, außer einer silbernen, etwas über eine Maas haltenden, Flasche, und 30 silbernen Bechern von

---

lesen 20 fl. Eine Burgundische Krone 27 Batzen, Ein Goldgulden 1 1/2 fl. Ein Engellotte 3 fl. Im Jahr 1616 galt eine einfache Ducate 2 1/2 Gulden Batzen, ein Königsthaler 25 Batzen, und ein Reichsthaler 23 Batzen.

verschiedener Größe, aus 2 einzigen silbernen Salz-
füssern, und 28 silbernen Löffeln.

Bey dem Sohn fand sich schon mehr Geräth-
schaft von diesen Metall, als Gießkannen und
Becken, Schüsseln, Teller und Leuchter, auch
Manns- und Damen-Toiletten, welche aber hier
Comptoirs, und Apotheken genannt werden. Zwey
silberne Schreibzeuge, und einen 4 Mark und
11 Loth wiegender Ringkragen (hausse col) sind
auch hier anzutreffen. Das Gewicht zusammen
betrug 632 Mark.

Gold und Juwelen,

oder Kleinodien fanden sich bey dem Vater ebenfalls nicht viel, und, außer zwey schwehren goldenen Ketten, an deren einer Casimirs, und an der
andern Kurfürst Friederichs III. Bildniß hieng,
kaum ein halbes Dutzend Ringe, mit Türkisen,
Rubinen, Schmaragden und Saphiren, mehr als
mit Diamanten, besetzt, und ungefähr 50 goldene Buckeln, welche auf samtne Mannshauben gesetzt wurden. Sechs Perlen, wovon jedesmahl
3 auf eine solche Haube kommen, waren allein
von dieser Art von Geschmeide vorhanden.

Bey den Sohn wurden (ohne die versetzte
Juwelen) Diamanten und Perlen schon häufiger
angetroffen.

Eine Diamantkette in Gold gefaßt von 115 Gliedern;*) eine güldene Rosenkette von 40 Diamant-Rosen; eine Medaille (Medy) mit 63 Diamanten versetzt; eine goldene Rose mit 41 Diamanten, nebst drey kleinern dergleichen; neun Diamantknöpfe; zwei blaugeschmelzte Sterne jeder mit 6 Diamanten; ein Huthband von 23 goldenen Sternen, jeder mit 7 Diamanten, nebst der dazu gehörigen Schnalle mit 9 grossen- und den Stiftgen mit 23 kleinen Diamanten besetzt;**) ein goldener Federbusch mit einer goldnen Huthhafte mit 20 Diamanten; 42 goldene Wamsknöpfe, jeder mit 7 Diamanten versetzt ***), sind nur Beyspiele, und noch lange nicht das ganze Verzeichniß davon.

Der Geschmuck an Perlen füllt allein zwey enggeschriebene Folio-Seiten, worunter abermahl 3 Huthbänder mit Rosen von Perlen waren ****).

---

*) Diese erkaufte die Kur-Prinzeßinn um 1200 Gulden.

**) Dieses Kleinod wurde an die Gräfin von Hanau um 800 Gulden verkauft.

***) Diese erkaufte der Kurfürst selbst um 1200 Cronen, jede Crone zu 27 Batzen.

****) 15 grosse Perlen wurden allen für 3286 fl. und 34 runde Perlen, mit 12 anhängenden durchsichtigen Diamanten um 800 fl. verhandelt.

Unter den zu diesen Titeln gehörigen Kleinigkeiten trift man bereits kleine Uhren, Taschenspiegel mit Portraits u. dergl. an.

Am sichtbarsten aber zeigt sich die gestiegene Pracht in der Rubrique von Kleidung.

Auf zwey Folio-Blättern war des Vaters ganze Garderobe beschrieben.

Ein Rock von Damast mit Samt verbrämt, ein roth zerschnittenes Atlaswams, mit Hosen von gleichem Zeug, und zwey schwarze Wämser und Beinkleider, das eine von Sammt, und das andere von Damast, waren ungefähr die kostbarsten Stücke. Alles Uebrige an Kleidung war von Wolle, und höchstens Kragen und Aufschlag oder die Knöpfe von Sammt, oder Seide, oder das Kleid mit seidenen Schnüren besetzt, oder auch mit Schnekenhäußlein gestepft. Zu jeden Prunkkleid gehörten zwey paar Aermel, und zur Bedeckung des Haupts waren zwey samtne Bareten, und zwey Spitzsamtne Hauben vorhanden. Hierbey war auch ein Klagmantel, und ein alter Nachtpelz.

Die Kleidungs-Rubrique des Sohns hingegen nimmt, mit ihren Zugehörungen, gegen 10 volle Bogen ein, ohne die Kleider seiner Gemahlinn.

linn. Der niedlichste Geschmack war hier mit der Pracht vereinigt. Die meisten Kleider sind von Atlas von allerhand Farben, mit Taft, meistens von der nehmlichen Farbe, gefüttert, oder durchgezogen, wo sie durchschnitten waren, und, je nachdem es die Farbe am besten erhob, mit Gold, Silber oder Seide, öfters mit Gold und Silber zugleich, gestickt. Samtne Kleider waren mit Atlas durchzogen, und verschiedene Kleider waren von Drapd'or oder Drap-d'Argent. Ein ganzes Kleid bestand aus Hosen, Wams und Mantel, andere nur aus Hosen und Casaque, ohne Mantel. Von beyderley Arten zusammen fanden sich 72 complette Mannskleider *).

Zur Bedeckung des Haupts finden wir weder Barrete noch Hauben mehr, sondern 21 Hüthe, welche in Spanische und Französische, **) ganz oder halb-castorne, schwarze, und graue eingetheilt werden, und eben so viel Hutbänder, welche nach den Farben der Kleider gewählt wurden, und theils

---

*) Die Gemahlinn hinterließ nur 32. Also nicht einmahl halb so viel ! ! !

**) Auch die Beinkleider hiessen theils à Bouillons, theils nach Spanischer Art gemacht.

mit Gold und Silber, theils mit Glaß, oder auch mit Perlen, theils mit Seide gestickt waren.

Zu diesen Hüthen gehörten besondere Federn, welche abermahl in Spanische und Französische unterschieden werden. Sie waren entweder einfärbig, roth, gelb, schwarz, grün, weiß, violet, oder von mehrern Farben zusammengesetzt, und beliefen sich auf 26.

Hiermit war aber die Mannskleidung noch nicht vollständig, sondern es gehörten noch Gürteln und Degengehänge dazu, welche sich wieder nach den Kleidern richteten. Zum Beyspiel. Ein Gürtel und Gehenk von violbraunen Sammt mit Gold und Silber gestickt zu Num. 1. Ein roth Atlasgürtel und Gehenk mit Gold und Silber gestickt zu Num. 2. Einer von schwarzen Sammt mit Silber zu Num. 3 ꝛc. Es fanden sich dergleichen 22 und verschiedene, neben der Stickerey, noch mit goldenen Franzen besetzt.

Von gleicher Farbe mit jedem Kleid waren auch die seidene Strümpfe, mit in Gold oder Silber gestickten Zwickeln. Auch gehörten noch dazu besondere Hosenbändel, und Schuh-Rosen von der Farbe der Kleider mit goldenen und silbernen Spizen besetzt, und nach der Menge mit Gold oder Silber gestickten Handschuhe sollte man beynahe vermuthen, daß nicht weniger jedes Kleid beynahe seine eigene Art von Handschuhen (vielleicht von der nehmlichen Stickerey) erfodert hätte.

Den Beschluß machen 8 prächtige Feldzeichen von Taft, und unterschiedlichen Farben, mit Gold, Silber oder Seide gestickt, und mit goldenen und silbernen Spitzen besetzt; nebst einen beträchtlichen Vorrath unangeschnittener seidener Stoffe, Englischer Tücher, goldener und silberner Borten und Spitzen. Was die

Meubles

anbetrift, so findet sich zwar in der Inventur des Vaters ein schöner Vorrath einer auch zu gastfreyen Beherbergung von Freunden eingerichteten Haußhaltung, und zu diesem Ende eine Menge von Betten, aber nur eine einzige Bettlade mit grünen seidenen Vorhängen, und einer Bettdecke von grünen Atlaß mit weissen Barchent gefüttert.

In der Erbschaft des Sohns war eine Bettstatt von grünem Sammt, eine von rothen Damaßt, ein orangefarbnes und grünes seidenes Bett mit silbernen Schnüren, und silbernen Frangen, ohne mehrere von geringerer Gattung, vorhanden.

An Tapeten wurde in dem Schloß des Vaters, dessen Zimmer wohl getäfelt waren, nicht gedacht, wohingegen in dem Hauß des Sohns zu Heydelberg die Wände bereits mit gewürkten seidenen, mit dergleichen Brüßler- und die geringsten mit vergoldeten Leder bekleidet waren. Jene sind nach den Geschichten, welche sie vorstellten, aufgeschrieben. Von Porzellän findet sich in beyden Haußhaltungen keine Spuhr, und auch wenig von Mahlereyen. Letztere werden schlechtweg Tafeln (tabulae pictae) genannt, und erst in einem Inventar von 1670 finde ich, daß man sich die Mühe genommen habe, ihren Innhalt, und bey einigen den Namen der Meister zu bemerken.

Die unendliche Verschiedenheit bequemer Stühle, welche man heutzutag erblickt, war noch nicht erfunden, und im ganzen Schloß des Vaters kein beschlagener Stuhl, oder Sessel. Hingegen hatte man Bankküssen und Sitzbette, und auf den wollenen Ueberzug der ersten war gemeiniglich das Wappen mit Wolle nach den Farben genäht.

In der Wohnung des Sohns fanden sich zwar auch noch keine Canapees, Sophas, Bergeres, Ottomannen ꝛc. aber doch schon rothsamtne Stühle, und türkische Stuhl= auch Sesselblätter, und zu den langen und kurzen Bank= und Stuhl= küssen gestickte seidene Ueberzüge. Für die Prunk= zimmer waren sie von Sammt, und mit goldenen und silbernen Blumen gestickt.

Nun ist es Zeit, meine Leser in die

Rüstkammern

meiner Helden zu führen.

Bey dem Vater Meynhard fanden sich 14 Rap= pier oder Reutschwerdter, zween Köcher zu Patro= nen eines Reusigen, ein türkischer Säbel, 4 ganze weiße Cüraße und 6 dazu gehörige Helme, 7 schwarze Rüstungen und 25 schwarze Sturmhauben, 4 Speere und 16 Knebelspieße, 9 Doppelhaken, 17 theils Mußketen, theils Rohre mit Feuerschlössern, 5 Fäustling (vermuthlich Pistolen) ein Regiments= Staab, einige Armbrüste und Fausthämmer, 5 Pan= zerhemde und Aermel, ein Morgenstern, ein meßin= genes Ocher=Horn und noch ein grosses Blashorn, ein meßinges Falkenetlein und 3 kurze eißerne Döm= ler. Und endlich lag noch in einer Kiste bey des

Junkers Kleidern ein weiß, gelb und blautaffentnes Fähnlein mit Kurpfälzischen Wappen.

Bey seinem Sohn Hans Meynhard treffen wir an eine Pertuisane, 7 lange Rohr, 7 paar Pistolen, gegen 170 schöne Bandelier, 150 Mußketen, gegen 200 Picken, 113 Rüstungen zu Fuß, 109 Ringkragen, 209 Sturmhauben, 3 complete Ritterharnische, 2 schußfreye Rüstungen für Fußgänger, 4 Trommeln, 1 Cornet an einer Stange, und 5 metallene Canonen, worunter die 2 oben bemerkten Zwölfpfünder mit dem Schönburgischen Wappen.

Die Vergleichung des Marstalls darf auch nicht übergangen werden.

Der Vater hinterließ zwey Pferde, und eine wohlbeschlagene Gutsche.

Der Sohn 15 Pferde, worunter 9 Engländer und ein weißes barbarisches Pferd waren, nebst einem Maulthier. Die Beschreibung des Pferdegeschirrs aber erfüllt 8 Folio-Seiten. Man kann sich vorstellen, daß es mit der übrigen Pracht in Verhältniß stand, und viele samtne mit Gold und Silber gestickte Sättel von allen möglichen Farben, wie auch Damen-Sättel darunter befindlich gewesen.

Stangen-Bügel und dergleichen waren größtentheils übersilbert, auch zum Theil vergoldet.

Wir kommen zum Beschluß auf die Bibliothek.

Der ganze Büchervorrath des Vaters bestand aus ungefähr 19 Bänden, worunter Goebleri Rechtenspiegel, ein Deutscher Livius, die Zürcher Bibel im Jahr 1551 gedruckt, einige gedruckte Chronicken, das Kayserliche Kriegsrecht, Postillen von Luther und Melanchton, und ein altes Turnier-Buch waren.

Hans Meynhard, der Sohn, hinterließ eine Englische und eine Italiänische Bibel, drey Dictionäre, nehmlich Hulsii, Ravelli und ein Französisch-Spanisch- und Lateinisches, welches zu Brüssel herausgekommen war, die Essais de Montaigne, Cäsars Commentarien Französisch und Deutsch, Octavium Strada de viris imperatorum, Specklens Kriegsbaukunst, les Elemens de l'Artillerie, die Archeley des Diego Uffano, les raisons des forces mouvantes von Salomon de Cans, und den Canon Triangulorum, nebst vielen von ihm selbst zusammengeschriebenen Handschriften von Mathematischen und Kriegs-Sachen, und etlichen Landtafeln (Landkarten.)

Mit so wenigem begnügte sich ein so grosser Mann! Aber das grosse Buch, die Welt, welches er zu studiren Kopf und Gelegenheit hatte, und wovon die Besitzer der größten Bibliotheken oft nichts wissen, kam nicht in sein Inventarium.